Barbara Beck

Die berühmtesten Frauen der Weltgeschichte

Barbara Beck

Die berühmtesten Frauen der Weltgeschichte

Vom 18. Jahrhundert bis heute

marixverlag

Bibliografische Information der Deutschen Nationalbibliothek
Die Deutsche Nationalbibliothek verzeichnet diese Publikation in der
Deutschen Nationalbibliografie; detaillierte bibliografische Daten sind
im Internet über
http://dnb.d-nb.de abrufbar.

2. Nachauflage 2015 der 6., ergänzten und durchgesehenen Auflage

© by marixverlag in der Verlagshaus Römerweg GmbH, Wiesbaden
Korrektorat: Christine Klinger, Usingen
Covergestaltung: Nele Schütz Design, München nach der Gestaltung
von Thomas Jarzina, Köln
Bildnachweis: akg-images GmbH, Berlin
Satz und Bearbeitung: C&H Typo-Grafik, Miesbach
Gesetzt in der Palatino Linotype
Gesamtherstellung: CPI books GmbH, Leck – Germany

ISBN: 978-3-86539-942-7

www.verlagshaus-roemerweg.de

Inhalt

Vorwort

Der vorliegende Band ist als Fortsetzung zu dem erstmals 2007 erschienenen ersten Band angelegt und bildet gleichzeitig auch dessen Abschluss. Während in dem von Martha Schad verfassten ersten Band berühmte Frauen von der Antike bis zum 17. Jahrhundert vorgestellt wurden, wird in dem zweiten Band die Reihe mit Porträts vom 18. Jahrhundert bis zur Gegenwart fortgesetzt.

Die in diesem Buch zusammengeführten Kurzporträts präsentieren die Biografien von 52 international bekannten und interessanten Frauen. Der Bogen spannt sich von Monarchinnen und Premierministerinnen, über Künstlerinnen und Wissenschaftlerinnen, Frauenrechtlerinnen und Sportlerinnen bis zu Spioninnen, Attentäterinnen und Hexen. Die getroffene Auswahl muss dabei immer subjektiv bleiben, da es eine Vielzahl anderer Frauen gibt, die mit dem gleichen Recht in diesen Band hätten aufgenommen werden können, da sie ebenfalls ein faszinierendes Leben führten und herausragende Leistungen vollbrachten. Hauptkriterium für die Auswahl war der Wunsch, eine möglichst große Bandbreite zu erreichen und so Frauen aus den unterschiedlichsten Berufen und Lebensbereichen vorstellen zu können.

Barbara Beck, August 2008

ANNA GÖLDI

* 1734 in Sennwald
† 1782 in Glarus

Dienstmagd und »Hexe«

*»Gleichwohl, um das Gelächter zu vermeiden, beschloss man,
sie nicht unter dem Titel der Hexe, sondern unter einem andern
(…) aus der Welt zu schaffen.«*
(WILHELM LUDWIG WEKHRLIN)

Hexenverfolgungen und Hexenprozesse fanden in Mitteleuropa vom 14. bis zum 18. Jahrhundert statt. Geahndet wurde dabei schadenstiftende und teuflische Zauberei. Alle nicht erklärbaren Ereignisse und alles auf natürlichem Weg nicht begründbare Unglück wurden dem Wirken von Hexen und Unholden zugeschrieben. Der Hexenwahn, dem in Europa etwa 40.000 bis 60.000 Menschen zum Opfer fielen, fand erst im Zuge der Aufklärung ein Ende. Vor allem Frauen waren dabei bevorzugte Opfer der Hexenverfolgungen – sie bildeten etwa achtzig Prozent der Verurteilten. In der Mehrzahl gehörten die Verfolgten den sozialen Unterschichten an.

Die am 24. Oktober 1734 in Sennwald geborene Anna Göldi entstammte ärmlichen Verhältnissen. Ihre Eltern waren der Messmer und Scherenschleifer Adrian Göldi und Rosina Bühler. Seit ihrer frühen Jugend musste das Mädchen selbst für seinen Lebensunterhalt sorgen, indem es als Dienstmagd arbeitete. Bevor sie nach Glarus kam, wurde Anna Göldi zwei Mal Mutter von unehelichen Kindern. Da ihr erstes heimlich geborenes Kind 1765 bereits in der ersten Nacht starb, wurde sie wegen Kindsmordes mit Prangerstehen und Hausarrest bestraft. Über das Schicksal des 1775 in Straßburg geborenen Sohnes, der aus einer anderen Liebesbeziehung stammte, ist nichts bekannt.

Im September 1780 trat sie ihren Dienst bei dem Arzt, Ratsherrn, Richter und Regierungsrat Dr. Johann Jakob Tschudi in Glarus an. Die Familie Tschudi gehörte zu den reichsten und einflussreichsten Herrschaftsgeschlechtern im protestantischen Kanton Glarus. Nach einem Streit mit der verwöhnten achtjährigen Tochter Anna Maria Tschudi, genannt Annamiggeli, fanden sich im Oktober 1781 mehrmals Stecknadeln in der Milchtasse des Kindes. Man beschuldigte die Magd, die Nadeln hineingelegt zu haben, und entließ Anna Göldi trotz ihrer Unschuldsbeteuerungen. Auf die Beschwerde der Magd reagierte die Obrigkeit ungehalten. Als das kleine Mädchen Wochen nach der Entlassung mehrfach Nadeln und Nägel auszuspucken begann und unter heftigen krampfartigen Zuckungen litt, kam rasch der Verdacht auf, dass Anna Göldi das Kind »verderbt« habe. Aus den Erzählungen des Annamiggeli schloss man, dass die Nadeln und Drahtstücke durch ein von der Magd verabreichtes »Leckerlein« in den Körper des Mädchens gelangt seien.

Als treibende Kraft hinter Göldis Verhaftung und dem folgenden Prozess entpuppte sich ihr Dienstherr Dr. Tschudi. Offensichtlich war er besorgt, dass ihm ein Verhältnis mit seiner Dienstmagd zur Last gelegt werden könnte. Da überführte Ehebrecher als unfähig galten, ein politisches und richterliches Amt zu bekleiden, lag es nahe, dass Johann Jakob Tschudi die Göldi mundtot machen wollte.

In dem Steckbrief des Kantons Glarus vom 9. Februar 1782 wurde Anna Göldi, die inzwischen außer Landes lebte, folgendermaßen beschrieben: »Anna Göldin (…), ohngefähr 40. Jahr alt, dicker und grosser Leibsstatur, vollkommnen und rothlechten Angesichts, schwarzer Haaren und Augbraunen, hat graue etwas ungesunde Augen, welche meistens rothlecht aussehen, ihr Anschauen ist niedergeschlagen, und redet ihre Sennwälder Aussprach, tragt eine modenfarbne Jüppen, eine blaue und eine gestrichelte Schos, darunter eine blaue Schlingen- oder Schnäbeli-Gestalt, ein Damastenen grauen Tschopen, weis castorin Strümpf, ein schwarze Kappen, darunter ein weisses Häubli, und tragt ein schwarzes Seidenbettli.«

Noch im Februar 1782 wurde Anna Göldi in Degersheim verhaftet und nach Glarus überführt. Auf Betreiben Dr. Tschudis wurde der Fall vor dem Evangelischen Rat, nicht vor dem Gemeinen Rat verhandelt, der für landesfremde Personen zuständig war. Über Leben und Tod der Angeklagten entschied somit ein Gericht, das dafür gar nicht zuständig war. Zu den Räten im Evangelischen Rat besaß Dr. Tschudi beste Kontakte und Verwandtschaftsbeziehungen.

Da ein Teufelsbanner die Meinung vertreten hatte, nur die Verderberin des Kindes könne dieses wieder heilen, wurde so lange Druck auf die Inhaftierte ausgeübt, bis diese sich dazu bereiterklärte. Zunächst hatte Anna Göldi dies mit den Worten abgelehnt: »Wie soll ich dem Kinde helfen, da ich ihm doch gar nichts zu Leide getan habe.« Als die Wunderheilung gelang, wurde dies als ein Beweis angesehen, dass die Magd mit mehr als natürlichen Kräften begabt war. Sie hatte damit unwillentlich den vollen Schuldbeweis geliefert.

In dem Prozess gab die Dienstmagd nach stundenlangen Verhören und unter der schweren Folter zu, die Kräfte des Teufels zu nutzen. In der Urteilssprechung wurde aber der Vorwurf der Hexerei vermieden, stattdessen die »ausserordentliche und unbegreifliche Kunstkraft« der Angeklagten hervorgehoben. Bei der Frage, ob man Anna Göldi zu einer lebenslangen Zuchthausstrafe oder zum Tod verurteilen solle, entschied sich der Rat für Letzteres, da Glarus kein Zuchthaus besaß. Eine Zuchthausstrafe hätte nur in Zürich vollzogen werden können. Da die Glarner Richter befürchteten, dass die Göldi in Zürich alles widerrufen könnte, verurteilte sie der Rat am 6. Juni 1782 als Giftmörderin zum Tod durch das Schwert. Am 13. Juni wurde das Urteil vollstreckt und Anna Göldis Leichnam unter dem Galgen verscharrt.

Anna Göldi war jedoch, wie dies bei solchen Prozessen häufig geschah, nicht das einzige Opfer geblieben, denn durch die Erzählungen der Tschudi-Tochter wurde auch der mit Anna Göldi bekannte Schlossermeister Rudolf Steinmüller der Mittäterschaft verdächtigt und Ende März 1782 verhaftet. Als der alte Mann erkennen musste, dass das Gericht nicht an der Wahrheit interessiert war, sondern nur sein Geständnis haben wollte, beging er am 12. Mai 1782 in seiner Zelle Selbstmord.

Trotz strenger Pressezensur sorgte der Göldi-Fall für Aufsehen und wurde zum Ärger des Glarner Rates als Justizmord gegeißelt. Der Begriff des Justizmordes wurde in diesem Zusammenhang überhaupt erstmals in der Geschichte verwendet. Dank der kritischen Berichterstattung wurde der Glarner Hexenprozess der letzte seiner Art in Westeuropa.

Anlässlich des 225. Todestages von Anna Göldi wurde im März 2007 die Anna-Göldi-Stiftung gegründet. Gemäß ihren Statuten will die Stiftung nicht nur das Andenken an Anna Göldi lebendig erhalten, sondern sich auch aktuell »für Randständige, Minderheiten und Opfer von Willkür einsetzen«. Am 22. September 2007 wurde in Mollis das Anna-Göldi-Museum eingeweiht.

Marie-Jeanne Bécu, Gräfin Dubarry

* 1743 in Vaucouleurs
† 1793 in Paris

Mätresse

> »Sie ist die einzige Frau in Frankreich, die es geschafft hat,
> mich vergessen zu lassen, dass ich sechzig bin.«
>
> (Ludwig XV. von Frankreich)

Im Gegensatz zu dem Königspaar Ludwig XVI. und Marie Antoinette sowie vieler anderer zum Tode verurteilter Mitglieder der französischen Aristokratie verlief die Hinrichtung der Gräfin Marie-Jeanne Dubarry am 8. Dezember 1793 in Paris beschämend würdelos. Die völlig verängstigte Gräfin weinte und schrie auf der ganzen Fahrt zur Guillotine. Als sie zum Schafott gebracht wurde, wühlten ihr Jammern und Flehen die versammelte Menschenmenge so auf, dass Unruhe aufkam. Das Publikum hatte sonst meist eher gefasste, stoisch in ihr Schicksal ergebene Verurteilte erlebt. Aus Sorge vor Tumulten beschleunigte der Henker daher die Hinrichtung der Dubarry. Mit ihr wurde die letzte »maîtresse en titre« am französischen Königshof geköpft.

Die am 19. August 1743 in Vaucouleurs geborene Marie-Jeanne Bécu entstammte einfachen Verhältnissen: Sie war die uneheliche Tochter der Näherin Anne Bécu und eines Geistlichen, über dessen Person nur wenig bekannt ist. 1749 zog sie mit ihrer Mutter zu Verwandten nach Paris, wo ihr eine Erziehung im Kloster von Saint-Aure ermöglicht wurde. Danach machte sie eine Schneiderlehre in einem Pariser Modegeschäft. Dort fiel die blonde Schönheit dem Grafen Jean Dubarry auf, dem größten Zuhälter von Paris. Für einige Zeit wurde Jeanne Bécu seine Geliebte. Eine der frühesten Beschreibungen der Kurtisane liefert der Graf Espinchal: »Sie ist hochgewachsen, von schönster Bildung und hat den bezauberndsten, hellsten Teint. Ihre Stirn ist hoch, ihre Augen strahlen, sie hat köstliche Wimpern und Brauen, ihr Gesicht ist oval und weist Grübchen in den Wangen auf, wodurch ihre Schönheit nur erhöht wird, ihr Mund scheint ständig zu lächeln und ihr Busen ist so herrlich, dass jede andere Frau gut daran tut, den Vergleich damit zu scheuen.« Ob sie sich auch als Prostituierte verdingte, wie ihr dies die späteren Gegner am Versailler Hof unterstellten, ist heute nicht mehr eindeutig zu klären. Dem Grafen Dubarry und dem Herzog von Richelieu erschien Jeanne Bécu jedenfalls bestens als Mätresse für König Ludwig XV. von Frankreich geeignet. Der Graf versprach sich davon vor allem finanziellen Profit, während sich der Herzog eine Stärkung seiner Position am königlichen Hof erhoffte.

Der alternde König Ludwig XV. war von Jeanne Bécus Charme und Schönheit entzückt und verliebte sich Hals über Kopf in sie. Die Beziehung zwischen dem Monarchen und der jungen Frau von niederer Herkunft und zweifelhaftem Ruf begann im Sommer 1768. Sie verstand es, den König zu unterhalten und ihm so seine ständige Langeweile zu vertreiben. Der Herzog von Croy schrieb über Ludwig XV.: »Er ist verliebter denn je. Er scheint verjüngt, und ich habe ihn nie froheren Mutes erlebt, so hochgestimmt und viel mehr aus sich herausgehend, als er es jemals getan hat.« Um Jeanne Bécu hoffähig zu machen, verheiratete Graf Dubarry sie mit seinem Bruder Guillaume. Am 22. April 1769 wurde sie am Versailler Hof offiziell als neue königliche Geliebte eingeführt. Sie erhielt ein eigenes Appartement, das mit den Räumen des Königs in direkter Verbindung stand. Außerdem schenkte Ludwig XV. seiner Mätresse die in der Nähe von Versailles liegende Herrschaft Louveciennes. Madame Dubarry beauftragte die besten Künstler mit der Ausgestaltung des dortigen Schlosses. Neben großzügigen finanziellen Zuwendungen überschüttete der König seine Geliebte mit Juwelen. Vermutlich besaß Jeanne Dubarry die größte Juwelensammlung Europas. Gegen den Widerstand des Hofes nahm sie 1770 an der Seite des Königs an den Hochzeitsfeierlichkeiten des Dauphins Ludwig und der österreichischen Erzherzogin Marie Antoinette teil.

In der jungen Dauphine Marie Antoinette fanden jene Kreise der höfischen Gesellschaft eine Leitfigur, die der Geliebten des Königs feindlich gesinnt waren. Marie Antoinette strafte die Mätresse mit öffentlicher Nichtachtung und sprach kein Wort mit dieser. Kaiserin Maria Theresia sah sich wegen der unklugen Behandlung der königlichen Favoritin durch ihre Tochter bemüßigt, an Marie Antoinette zu schreiben: »Ihr habt die Dubarry nicht anders zu kennen und anzusehen, als eine am Hofe und zur Gesellschaft des Königs zugelassene Dame. (…) aber ein gleichgültiges Wort, einen freundlichen Blick kann man von Euch erwarten, nicht der Dame wegen, sondern mit Rücksicht auf Euren Großvater [Ludwig XV.].« Die Dauphine musste einlenken und richtete bei dem Neujahrsempfang 1772 in der Spiegelgalerie folgende Worte in Richtung von Madame Dubarry: »Heute sind viele Menschen in Versailles.«

Im Gegensatz zu ihrer berühmten Vorgängerin Madame Pompadour, die eine Schlüsselposition in der französischen Politik, Kunst, Kultur und Gesellschaft in der ersten Hälfte des 18. Jahrhunderts eingenommen hatte, blieb Madame Dubarrys Einfluss mehr oder weniger auf persönliche Intrigen beschränkt. Allerdings nutzte sie ihre Position, um Bittgesuche, Begnadigungen und Denkschriften an den König weiterzuleiten. Der Empfang derartiger Bittsteller und das Entgegennehmen von Ansuchen waren fest in ihren Tagesablauf integriert.

Als der an Pocken erkrankte Ludwig XV. im Mai 1774 im Sterben lag, verfügte er, dass die Gräfin Dubarry nach seinem Tod in das Benediktinerinnenkloster Pont-aux-Dames verbannt werden sollte. Hinter dieser Entscheidung standen wahrscheinlich sein Beichtvater und die Sorge des Königs um sein Seelenheil. Sein Nachfolger Ludwig XVI. kam dieser Anordnung nach. Mehr als ein Jahr musste die Dubarry in dem Kloster bleiben, bevor sie 1775 wieder in ihr Schloss Louveciennes zurückkehren durfte. Allerdings bestand die Auflage, dass sie weder in Versailles noch in den anderen königlichen Schlössern erscheinen durfte. Seitdem führte die Gräfin ein zurückgezogenes Leben und nahm sich der Armen an. Die Öffentlichkeit interessierte sich nicht mehr für die Dubarry.

Als die Französische Revolution ausbrach, wurde auch das Schloss der Gräfin ausgeraubt. Vor allem wurde ihr gesamter Schmuck gestohlen, nach dem sie unklugerweise öffentlich fahnden ließ, wodurch man sich wieder ihrer Person erinnerte. Durch Reisen nach England machte sie sich zusätzlich verdächtig. Obwohl sie in England von der Hinrichtung Ludwigs XVI. im Januar 1793 erfuhr, kehrte sie nach Paris zurück, da sie die Situation für sich selbst als ungefährlich einschätzte. Im September 1793 wurde sie jedoch verhaftet und von dem Revolutionstribunal wegen Unterstützung der Konterrevolution, Kontakten zu emigrierten Royalisten sowie wegen Verschwendung öffentlichen Eigentums in ihrer Zeit als Mätresse angeklagt. Als sie am 7. Dezember 1793 zum Tode verurteilt wurde, verriet die Gräfin, um ihr eigenes Leben zu retten, die Namen anderer Personen, die daraufhin auch verhaftet und zum Tode verurteilt wurden. Dieser Verrat nutzte ihr jedoch nichts, denn bereits einen Tag später wurde sie auf der Guillotine hingerichtet.

CAROLINE HERSCHEL

* 1750 in Hannover
† 1848 in Hannover

Astronomin

»Ich hatte immer zuviel zu lernen, um etwas ganz zu lernen.«

(CAROLINE HERSCHEL)

»Mein Vater war ein großer Bewunderer der Astronomie und besaß einige Kenntnisse in der Wissenschaft. Ich erinnere mich, daß er mich in einer kalten Nacht auf die Straße führte, um mich mit einigen unserer schönsten Sternbilder bekannt zu machen, nachdem wir vorher einen Kometen, der eben sichtbar war, beobachtet hatten.« Dass aus Caroline Herschel einst eine bedeutende Astronomin werden würde, konnte ihr Vater nicht ahnen.

Caroline Lucretia Herschel kam am 16. März 1750 als Tochter des Militärmusikers Isaac Herschel und seiner Ehefrau Anna Ilse Moritzen in Hannover zur Welt. Der Vater bemühte sich darum, seinen Kindern eine musikalische Grundausbildung zu vermitteln. Zusammen mit ihren Brüdern besuchte Caroline Herschel bis zu ihrem 14. Lebensjahr die Garnisonsschule, wo sie Lesen und Schreiben lernte. Wenig Freude bereitete dem intelligenten Mädchen, dass sie mehrere Stunden am Tag mit Stricken, Sticken und Haushaltstätigkeiten verbringen musste. Ihre eher engstirnig veranlagte Mutter vertrat die Auffassung, dass sie »ein roher Klotz sein und bleiben sollte, allerdings aber ein nützlicher.« Später beklagte sie in ihren Memoiren, dass sie in ihrem Wunsch, sich »in irgendeinem Zweige des Wissens so weit auszubilden, um dadurch eine ehrenhafte und achtbare Existenz zu gewinnen, immer und überall behindert und gestört worden« sei. Die Überlegungen des Vaters, sie zur Konzertsängerin auszubilden, sagten ihr dagegen zu. Der Tod Isaac Herschels im März 1767 war daher ein großer Verlust für sie, da ihr nun nicht nur seine aufmunternden Worte fehlten, sondern damit auch jede Hoffnung auf eine bessere Erziehung schwand. Auf eigenen Wunsch durfte sie immerhin eine Putzmacherschule besuchen.

Als ihr zwölf Jahre älterer Lieblingsbruder Friedrich Wilhelm Herschel, der als Organist, Konzertleiter und Komponist im eleganten britischen Badeort Bath tätig war, sie aufforderte, zu ihm nach England zu kommen, ergriff sie nur zu gerne die Gelegenheit, sich der häuslichen Enge zu entziehen. Ihr Bruder brauchte sie zwar auch als Haushälterin, aber er bot ihr zugleich die Möglichkeit, sich musikalisch weiterzubilden und als Solistin in seinen Konzerten aufzutreten. Im August 1772 übersiedelte Caroline Herschel nach England, dessen Landessprache sie allerdings erst erlernen musste. Schon bald stieg sie zur ersten Sängerin bei den von ihrem Bruder geleiteten Oratorien auf und übernahm Leitungsfunktionen im Chor: »Dass meine Stimme keine schlechte war, schließe ich daraus, daß der Eigentümer des Theaters in Bath mir sagte, sie würde eine Zierde der Bühne sein.« Das Angebot eines Engagements beim Birmingham Festival lehnte sie aber ab, da sie nur unter der Leitung ihres Bruders auftreten wollte.

Neben der musikalischen Begabung teilte sie mit ihrem Bruder Wilhelm Herschel die Passion für die Astronomie. Sie half ihm beim Anfertigen von Spiegelteleskopen. Vor allem übernahm sie die Aufgabe, die Spiegel zu polieren und zu schleifen, was eine absolute Genauigkeit erforderte. Daneben beschäftigte sie sich auch mit astronomischer Theorie.

Am 13. März 1781 entdeckte ihr Bruder den Planeten Uranus, was ihn über Großbritannien hinaus bekannt machte. Er erhielt eine Stelle als eine Art königlicher Privatastronom in Windsor. Caroline Herschel musste sich entscheiden, ob sie ihre Karriere als Sängerin in Bath vorsetzen oder für ihren Bruder als wissenschaftliche Assistentin tätig sein wollte. Sie entschied sich für Letzteres. Bei ihrem Entschluss spielte sicher auch die Überlegung eine Rolle, dass es für eine allein stehende Frau damals äußerst schwierig war, in der englischen Gesellschaft zu bestehen: »Ich besaß nicht Muth genug, vor das Publikum zu treten, wenn ich seinen Schutz entbehrte.« Zunächst bezog sie mit ihrem Bruder ein Haus in Datchet, danach lebten die Geschwister in Slough. Als astronomische Assistentin blieb sie mit ihrem Bruder nächtelang auf Beobachtungsposten, notierte Sternpositionen, wertete die nächtlichen Aufzeichnungen aus und rechnete sie nach. Sie begann, auch selbst den Sternenhimmel zu erforschen. Sie entdeckte vierzehn bemerkenswerte Nebel und zwischen 1786 und 1797 acht Kometen, darunter den Enckeschen Kometen. Sie überarbeitete den Sternenkatalog des britischen Astronomen John Flamsteed, dem Begründer des Royal Greenwich Observatory. Sie nahm neue Sterne auf, korrigierte Fehler und legte ein Gesamtregister an. 1787 erhielt sie als Anerkennung für ihre Arbeit vom englischen Hof eine Anstellung als Gehilfin ihres Bruders, wofür sie auf Lebenszeit ein Gehalt von 50 Pfund im Jahr beziehen sollte. Sie war damit die erste Frau, die für eine wissenschaftliche Tätigkeit ein Gehalt bekam, was für sie eine große Genugtuung gewesen sein muss: »Ich empfing im October die erste Vierteljahres-Rate, das erste Geld, das ich in meinem ganzen Leben für mich besaß und nach meinem Belieben verwenden konnte. Damit wurde mir ein sehr unbehagliches Gefühl von der Seele genommen.«

Obwohl ihr höchste Anerkennung gezollt wurde, blieb Caroline Herschel lebenslang die bescheidene Frau im Hintergrund, die ihre Leistungen nur als Verdienst des berühmten Bruders verstanden wissen wollte. Sie bekannte selbst: »Ich weiß zu gut, wie gefährlich es für eine Frau ist, die Aufmerksamkeit zu sehr auf sich zu ziehen.«

Die Heirat ihres Bruders Wilhelm Herschel im Mai 1788 empfand sie als Tiefschlag, da sie wohl befürchtete überflüssig zu werden. Die Geburt des Neffen John 1792 trug dazu bei, dass das Verhältnis zur neuen Schwägerin Mary Herschel entspannter wurde. Nach dem Tod des Bruders 1822 kehrte sie aber wieder nach Hannover zurück, obwohl ihr ihre Heimatstadt inzwischen fremd geworden war. Als »gelehrte Frau« erregte sie großes Aufsehen: »Man betrachtet mich nicht nur als solche, man starrt mich sogar hier als solche an.« Sie setzte ihre astronomischen Studien fort und ordnete das umfangreiche Material, das ihr Bruder hinterlassen hatte. Sie ermöglichte es so ihrem Neffen John Herschel, der ebenfalls ein bedeutender Astronom werden sollte, die väterliche Arbeit und die seiner Tante fortzusetzen. Weiterhin suchten bedeutende Wissenschaftler Caroline Herschel auf, die auch in Hannover Kontakt zum Hof hatte. Zahlreiche Auszeichnungen wurden ihr noch verliehen. 1828 erhielt sie die Goldmedaille der Royal Astronomical Society, zu deren Ehrenmitglied sie 1835 zeitgleich mit der Mathematikerin und Physikerin Mary Somerville ernannt wurde. Die beiden Wissenschaftlerinnen waren die ersten weiblichen Mitglieder der Society. 1838 wurde Caroline Herschel auch noch zum Mitglied der Royal Irish Academy berufen. Als 96-Jähriger wurde ihr 1846 die Goldene Medaille der Preußischen Akademie der Wissenschaften verliehen. Hochbetagt starb sie am 9. Januar 1848 in Hannover. Der Planetoid (281) Lucretia wurde ebenso nach ihr benannt wie ein Mondkrater im Sinus Iridium (Regenbogenbucht).

Elisabeth Louise Vigée-Lebrun

* 1755 in Paris
† 1842 in Paris

Malerin

> *»Ich verstehe nichts von Malerei,*
> *aber Sie lehren mich diese Kunst lieben.«*
>
> (Ludwig XVI. von Frankreich)

Die französische Malerin Elisabeth Louise Vigée-Lebrun war eine der am meisten geschätzten und gesuchten Porträtistinnen des europäischen Adels in der zweiten Hälfte des 18. Jahrhunderts. Am 16. April 1755 wurde sie in Paris als Tochter des Pastellmalers Louis Vigée und der Friseurin Jeanne Maissin geboren. Da sie schon als Kind Talent und Liebe zur Malerei erkennen ließ, erteilte ihr der Vater den ersten Kunstunterricht. Nach dem frühen Tod des Vaters 1767 bildete sie sich bei den Malern Gabriel-François Doyen, Paul Davesne und Gabriel Briard weiter. Lehrer im eigentlichen Sinne hatte sie jedoch nie. Auf Anregung des bekannten Malers Joseph Vernet studierte sie die Werke der alten Meister und fertigte Naturstudien an. Um Geld für den Unterhalt von Mutter und Bruder zu verdienen, spezialisierte sich Elisabeth Louise Vigée auf das Porträtieren, den finanziell lukrativsten Zweig der Malerei. Schon im Alter von fünfzehn Jahren galt sie als professionelle Porträtmalerin. 1776 heiratete die Zwanzigjährige den Maler und einflussreichen Kunsthändler Jean-Baptiste Pierre Lebrun. Der 1794 geschiedenen Ehe entstammte ihre einzige 1780 geborene Tochter Julie.

Ihre große künstlerische Karriere begann, als sie 1779 erstmals an den französischen Hof gerufen wurde, um Königin Marie Antoinette zu malen. »Die Ehrfurcht gebietende Miene der Königin schüchterte mich zu Anfang bei der ersten Sitzung ganz außerordentlich ein; aber Ihre Majestät sprach zu mir mit großer Güte, und ihre wohlwollende Gnade zerstreute bald den Eindruck. Damals machte ich das Bild, das sie mit einem großen Reifrock in einer Atlasrobe und eine Rose in der Hand haltend darstellt. Es war für ihren Bruder, den Kaiser Joseph II. bestimmt, (…). Ich machte dann nach und nach zu verschiedenen

Zeiten noch mehrere andere Porträts von der Königin.« Zwischen Vigée-Lebrun und der Königin, deren Lieblingsmalerin die Künstlerin wurde, entwickelte sich eine freundschaftliche Beziehung. In der Folgezeit erhielt die Malerin vor allem von den weiblichen Mitgliedern des Königshauses und des Adels Porträtaufträge.

Die von Vigée-Lebrun in ihren Bildnissen gewählten Ausdrucksmittel entsprachen den Wünschen der Bestellerinnen: »So viel es mir nur immer möglich war, versuchte ich, den Frauen, die ich malte, die ihrem Charakter entsprechende Stellung und geeigneten Gesichtsausdruck zu geben, diejenigen aber, die keine ausgeprägten Züge hatten (…) malte ich träumerisch und in nachlässiger Weise aufgestützt.« Die gelungene Verbindung von Ähnlichkeit und gleichzeitiger Idealisierung sowie die meisterliche Erfassung der zarten Halbtöne des Inkarnats (Hautfarbe) und die gekonnte Wiedergabe der kostbaren Stoffe brachten Vigée-Lebrun die Wertschätzung der Aristokratie und der führenden Gesellschaftskreise ein. Die Künstlerin wurde mit Aufträgen derart überhäuft, dass man – wie sie rückblickend sagte – Mühe hatte, »sich in meine Liste aufnehmen zu lassen; mit einem Worte, es schien, als ob alles sich vereinigte, mich in Mode zu bringen.«

Auf die Fürsprache der Königin hin wurde Vigée-Lebrun 1783 in die Académie Royale aufgenommen, die gemäß ihren Satzungen insgesamt nur vier weibliche Mitglieder zuließ. Bei Ausbruch der Französischen Revolution zwang die enge Verbindung zum Königshaus die in Pamphleten angegriffene Malerin zu einer überstürzten Flucht und zu einer zwölf Jahre dauernden Emigration. Die guten Kontakte zu den Hofkreisen um Marie Antoinette sollten sich jedoch zusammen mit Vigée-Lebruns Charme und anziehendem Äußeren im Ausland als Eintrittskarte zu den Salons der europäischen Aristokratie erweisen und brachten ihr viele Bildnisaufträge ein.

Elisabeth Louise Vigée-Lebrun flüchtete Anfang Oktober 1789 mit ihrer Tochter Julie und deren Gouvernante nach Italien. In Bologna wurde sie am 14. November zum Mitglied der Accademia Clementina ernannt. In Florenz forderte man sie auf, ihr Bildnis für die Sammlung der Künstlerporträts in den Uffizien zu malen. Für das »Selbstporträt vor der Staffelei« wählte die Künstlerin ein schwarzes Taftkleid mit einem Spitzenkragen à la Van Dyck. Mit diesem Rückgriff auf die flämische Malerei des 17. Jahrhunderts verwies Vigée-Lebrun, die 1781 eine Künstlerreise nach Flandern und in die Niederlande unternommen hatte, auf einen der sie prägenden Einflüsse. Das auf der Staffelei stehende Porträt Marie Antoinettes unterstrich dagegen ihren Rang als Malerin der Königin und stellte ihre politische Loyalität heraus. Zeitweise lebte und arbeitete die Malerin in Rom und Neapel. Über Zwischenstationen in Parma, wo sie 1792 zum Mitglied der Akademie ernannt wurde, Venedig, Verona und Mailand reiste sie nach Wien. Nach einem zweieinhalbjährigen Aufenthalt in Wien, wo ihre historisierenden Rollenporträts auf begeisterte Aufnahme stießen, brach Elisabeth Louise Vigée-Lebrun 1795 nach St. Petersburg auf. Wie überall wurde sie auch dort glänzend aufgenommen und erhielt zahlreiche Aufträge der kaiserlichen Familie und des russischen Adels, was ihr ein beträchtliches Vermögen einbrachte. 1800 wurde sie Ehrenmitglied der St. Petersburger Akademie.

Nach ihrer Amnestie in Frankreich verließ sie 1801 St. Petersburg und kehrte über Berlin, wo sie ebenfalls in die Akademie aufgenommen wurde, und Dresden im Januar 1802 nach Paris zurück. Im nachrevolutionären Frankreich Napoleons musste sie jedoch erleben, dass man sie als eine künstlerisch deklassierte Überlebende des Ancien régime betrachtete. Die neue Machtelite blieb ihr fremd, und sie fand keinen Einstieg mehr in den inzwischen von jüngeren Porträtisten besetzten Kunstmarkt. Im April 1802 reiste sie deshalb nach England, wo sie fast drei Jahre blieb. 1808 und 1809 zog es sie in die Schweiz. Hier entstand ihr bekanntes Porträt der berühmten Schriftstellerin Madame de Staël als Corinna. Nach ihrer Rückkehr aus der Schweiz erwarb Vigée-Lebrun ein Landgut in Louveciennes, wo sie ihren Lebensabend verbrachte.

1835/37 erschienen ihre »Souvenirs«, die bis heute immer wieder neu aufgelegt und in mehrere Sprachen übersetzt wurden. Die Erinnerungen der Malerin werden zu den wichtigen Quellen über die höfische Gesellschaft des ausgehenden 18. Jahrhunderts gezählt. Am 30. März 1842 starb Vigée-Lebrun in Paris. Laut einer eigenhändigen Aufstellung hinterließ sie 662 Porträts und etwa 200 Landschaften.

MARIE ANTOINETTE VON FRANKREICH

* 1755 in Wien
† 1793 in Paris

Königin von Frankreich und Navarra

> *»Eine Königin, die nur dafür gekrönt wird,*
> *dass sie ihren Zerstreuungen nachgeht, ist eine verhängnisvolle*
> *Errungenschaft für die Völker,*
> *welche die Kosten zu tragen haben.«*
>
> (ABBÉ DESNOYERS)

Ihr tragisches Schicksal, das sie vom Königsthron auf das Schafott führte, ließ sie zur berühmtesten Königin Frankreichs werden. In der Geschichtsschreibung immer noch umstritten, genießt sie dank ihrer Schönheit und ihrer dramatischen Biografie, die sie zum Spielball politischer Mächte machte, in der Populärkultur bis heute viel Aufmerksamkeit. Ihre Neigung, Bedürfnisse ohne Rücksicht auf die mit ihrem »Beruf Königin« zwangsläufig einhergehende Etikette ausleben zu wollen, lässt sie wie die Vorläuferin eines anderen berühmten Mitglieds des Hauses Habsburg, der Kaiserin Sisi, erscheinen. Welchen Eindruck ihre vielgerühmte Schönheit bei den Zeitgenossen hinterließ, wird in den Memoiren des Grafen Alexandre de Tilly deutlich: »Ich habe viel von ihrer Schönheit gehört und gebe zu, dass ich diese Meinung niemals geteilt habe. Aber sie hatte das, was auf dem Thron wichtiger ist als vollkommene Schönheit: die Haltung einer Königin von Frankreich, und dies selbst noch in jenen Augenblicken, in denen sie nur als hübsche Frau erscheinen wollte.«

Erzherzogin Maria Antonia Josepha Johanna kam als fünfzehntes Kind von Kaiser Franz I. Stefan und Kaiserin Maria Theresia am 2. November 1755 in Wien zur Welt. Früh stand fest, dass sie dereinst Königin von Frankreich werden sollte. Zweck dieser anvisierten Vermählung mit dem französischen Kronprinzen war eine Festigung des neuen Bündnisses von Österreich mit Frankreich. Der Vertrag von 1756 sollte so seine familiäre Konsolidierung erfahren. Das von Kindesbeinen an als reizend geschilderte Mädchen verstand es, sich häufig dem

von der Kaiserin aufgestellten strengen Schulungsprogramm
zu entziehen. Die charmante, aber vergnügungssüchtige Prinzessin neigte zu Oberflächlichkeit und Hochmut. Erst im Vorfeld der Heirat fielen offenbar die empfindlichen Mängel in der
Allgemeinbildung und in der Beherrschung der französischen
Sprache bei der Erzherzogin auf, die daraufhin im Eilverfahren
auf ihr künftiges Amt als französische Königin vorbereitet wurde. Im Alter von vierzehn Jahren und fünf Monaten wurde sie
1770 mit dem ein Jahr älteren französischen Thronfolger Louis
Auguste, Enkel von König Ludwig XV., verheiratet. Die blutjunge Habsburgerin kam dadurch an einen der prächtigsten, aber
auch intrigantesten Höfe Europas, worauf sie ihre Mutter hinge-
wiesen hatte: »Hier gibt es nur Kindereien und Eifersüchteleien
um nichts, andernorts ist es sehr viel ernster.«

Die Ehe von Marie Antoinette gestaltete sich wider Erwarten
schwierig. Der Dauphin war schwermütig, schüchtern und be-
dauerlicherweise auch impotent. Erst nach einem Besuch seines
Schwagers, Kaiser Joseph II., ließ er sich 1777 operieren, so dass
die Ehe endlich vollzogen werden konnte. Von den danach geborenen vier Kindern des Königspaares sollte nur die Tochter
»Madame Royale«, Prinzessin Marie Thérèse, die Französische
Revolution überleben.

Nach dem Tod von König Ludwig XV. am 10. Mai 1774 bestieg sein Enkel als Ludwig XVI. den Thron. Weder er noch
seine Ehefrau besaßen dafür die nötige Reife. Kaiserin Maria
Theresia machte sich zu Recht Sorgen: »Das Schicksal meiner
Tochter (…) kann nur sehr groß oder unglücklich sein. (…)
Ich rechne damit, dass ihr schönes Leben vorüber ist.« Schon
nach kurzer Zeit wurde Marie Antoinette als leichtsinnige und
verschwenderische Königin kritisiert. Ihr Hauptinteresse galt
Modefragen, ausgefallenen Frisuren und kostbarem Schmuck,
wofür sie sich hoch verschuldete. Die enormen Ausgaben für
ihr Schloss Le Petit Trianon erregten die Gemüter ebenso wie
ihre Leidenschaft für Glücksspiele. Ihr nachlässiger Umgang
mit der Hofetikette rief bei vielen Höflingen Empörung hervor.
Man munkelte über allerlei Romanzen der Königin. Auch ihre
Einmischung in politische Angelegenheiten stieß auf Missfallen.
Nach Maria Theresias Tod im November 1780 wünschte Kaiser
Joseph II., dass seine Schwester die österreichischen Interessen
vertreten solle. Marie Antoinette geriet dadurch in Konflikt mit
dem französischen Außenminister Graf Vergennes, der unter
keinen Umständen einen Ausbau der Vormachtstellung Öster-

reichs wünschte. Wie gering ihr Einfluss in Wirklichkeit war, bekannte sie selbst in einem Brief vom September 1784 an ihren Bruder: »Ich täusche mich nicht über meinen Einfluss, ich weiß, dass ich vor allem in der Politik keinen großen Einfluss auf die Entscheide des Königs habe. Wäre es klug von mir, wenn ich mit seinem Minister über Dinge stritte, bei welchen es so gut wie sicher ist, dass der König mich nicht unterstützen wird? Ohne damit großzutun oder zu lügen, bemühe ich mich, nach außen den Anschein zu erwecken, dass ich größeren Einfluss habe, als ich tatsächlich besitze. Denn wenn man dies nicht glauben würde, wäre mein Einfluss noch geringer.« Dessen ungeachtet wurde sie trotzdem als »l'Autrichienne« (die Österreicherin) in Schmähschriften verunglimpft und von ihren Untertanen verabscheut. Ihre Versuche, eine die Missstände in Frankreich beseitigende Reformpolitik zu hintertreiben, trugen ebenso zu ihrer Unbeliebtheit bei wie die »Halsbandaffäre« von 1785, obwohl sie nichts mit dem Skandal zu tun hatte.

Durch die Versammlung der Generalstände 1789 erfuhr die politische Krise eine Steigerung, da sich der König nicht zu einer konsequenten Haltung durchringen konnte. Er lehnte die Revolution ab und duldete sie zugleich. Die Ratschläge seiner Gemahlin trugen dagegen zu einer Radikalisierung bei. Nachdem die Königin am 10. Juli 1789 die Entlassung von Finanzminister Jacques Necker und die Bildung eines »Kriegskabinetts« ausgelöst hatte, eskalierte die Situation. Mit dem Aufstand des 14. Juli erlitt die französische Monarchie ihre erste Niederlage. Durch den Aufstand des Pariser Volkes am 5. Oktober geriet die königliche Familie unter die Kontrolle des Volkes; denn statt im Versailler Schloss musste die Königsfamilie nun in den Tuilerien in Paris residieren. Mit der gescheiterten Flucht der königlichen Familie im Juni 1791 nach Varennes verschlechterte sich die Situation weiter. Marie Antoinette sah daraufhin nur im Krieg die Chance, die Monarchie zu retten. Ihr Neffe Kaiser Franz II. wollte die Revolution niederzwingen, weshalb es am 20. April 1792 zur Kriegserklärung kam. Die ersten Niederlagen der französischen Armee und die Invasion durch preußische Truppen lösten die Revolution des 10. August 1792 aus. Die Monarchie wurde abgeschafft, die königliche Familie interniert. Louis XVI. wurde am 21. Januar 1793 hingerichtet. Die ehemalige Königin wurde am 14. Oktober vor das »Gericht der Revolution« gestellt, das sie erwartungsgemäß wegen Hochverrats zum Tode verurteilte. In ihrem letzten Brief an ihre Schwägerin Madame Élisabeth schrieb sie: »Ich bin soeben verurteilt worden, nicht zu einem schimpflichen Tod, denn schimpflich ist er nur für Verbrecher, sondern dazu, mit Eurem Bruder wiedervereinigt zu werden, unschuldig wie er. Ich hoffe, dass ich in den letzten Augenblicken die gleiche Festigkeit wie er zeigen werde. Ich bin ruhig, wie man es ist, wenn das Gewissen einem nichts vorwürft. Zutiefst bedaure ich, dass ich meine armen Kinder verlassen muss. (…) Ich vergebe allen meinen Feinden das Leid, das sie mir angetan haben.« Am 16. Oktober 1793 wurde sie in Paris öffentlich enthauptet.

CHARLOTTE CORDAY

* 1768 in Champeaux/Orne
† 1793 in Paris

Attentäterin

»Das Ziel heiligt die Mittel.«

(CHARLOTTE CORDAY)

Das heute in Brüssel in den Musées Royaux des Beaux-Arts hängende Gemälde »Der Tod Marats« thematisiert eines der berühmtesten Attentate der Geschichte. Der Maler Jacques-Louis David, ein aktiver Jakobiner, der seine Kunst fast uneingeschränkt in den Dienst der Französischen Revolution und ihrer wichtigen Ereignisse gestellt hatte, schuf das Gemälde noch im Jahr der Ermordung des Revolutionärs Marat 1793 und übergab das Bild dem Nationalkonvent. Das Gemälde, das zugleich Historienbild, realistisches Porträt und Heldenmonument ist, zeigt die Leiche des von Charlotte Corday erstochenen Jean-Paul Marat in der Badewanne. Sehr bewusst übernahm der Maler David dabei Pose und Lichtgestaltung von Pietà-Darstellungen in der christlichen Kunst. Der ermordete radikale Führer der Jakobiner wird auf diese Weise zu einem Märtyrer der Revolution stilisiert.

Marie Anne Charlotte de Corday d'Armont wurde am 27. August 1768 als Tochter des verarmten Kleinadeligen Jacques-François de Corday d'Armont und der Charlotte-Marie Gautier des Authieux in dem Dorf Champeaux in der Normandie geboren und einen Tag später in der Kirche von Saint-Saturnin-des-Ligneries getauft. Zu den Vorfahren des neugeborenen Kindes gehörte der berühmte französische Dramatiker Pierre Corneille. Als Charlotte Corday im Alter von vierzehn Jahren ihre Mutter verlor, gab sie ihr Vater zusammen mit ihrer Schwester Eléonore zur Erziehung in das Benediktinerinnenkloster Abbay-aux-Dames in Caen. Bereits früh machte sie Bekanntschaft mit den Ideen der Aufklärung und las die Werke von Abbé Raynal und Jean-Jacques Rousseau. Besonders begeisterte sie sich für den antiken Schriftsteller Plutarch, der ihre Vorstellungen von Heroismus und Bürgertugenden prägte. Nach dem Ende ihrer

Schulausbildung blieb Charlotte Corday als Privatsekretärin der Äbtissin im Kloster. Als die Abtei im Zuge der Französischen Revolution 1790 aufgehoben wurde, kam sie zu einer Verwandten in Caen, Madame Le Coustellier de Bretteville-Bouville. Während ihre beiden Brüder 1792 Frankreich verließen, um sich dem Heer des Herzogs von Condé anzuschließen, befürwortete Charlotte Corday eine republikanische Verfassung.

Innerhalb des Nationalkonvents kristallisierten sich zunehmend Fraktionen heraus. Charlotte Corday begeisterte sich für die gemäßigten Girondisten, die im Mai und Juni 1793 aus dem Konvent ausgeschlossen wurden. Die Girondisten sammelten sich in Caen, das sich zu einem Zentrum des Widerstands gegen die radikaleren Kräfte der Jakobiner entwickelte. Der in der Schweiz geborene Jakobiner Jean-Paul Marat war Arzt gewesen, bevor er sich als Herausgeber der Zeitung »L'Ami du peuple« für die Revolution engagierte und sich als Mitglied des Jakobinerklubs im Nationalkonvent durch besonders radikale Anschauungen hervortat. Charlotte Corday besuchte die Versammlungen der Girondisten und gelangte immer mehr zu der Auffassung, dass in erster Linie Marat für die wachsende Radikalisierung verantwortlich war. Durch die sich ausweitenden Gewaltexzesse der Revolution sah sie ihre aufklärerischen Ideale verraten. Schließlich war sie davon überzeugt, dass sie Marat töten müsse, um dem Blutvergießen ein Ende zu bereiten. Sie erkannte nicht, dass nicht der bereits todkranke Marat, sondern Maximilien de Robespierre die treibende Kraft hinter der Terrorherrschaft war, die sich gegen die sogenannten »Feinde der Revolution« wandte.

Ganz erfüllt von ihrem Sendungsbewusstsein nahm sie am 9. Juli 1793 die Postkutsche nach Paris, wo sie am 11. Juli eintraf. In der französischen Hauptstadt kaufte sie sich ein Küchenmesser mit einer zwanzig Zentimeter langen Klinge. Da Marat wegen einer Erkrankung nicht im Konvent erschien, änderte Charlotte Corday ihren ursprünglichen Plan, Marat am 14. Juli, dem Jahrestag der Revolution, vor dem versammelten Konvent zu töten, sondern entschied sich dafür, ihn in seiner Wohnung zu ermorden.

Nach zwei gescheiterten Versuchen gelang es ihr, am 13. Juli bei Marat vorzusprechen. Wegen seines Hautleidens, der juckenden Skrofulose, die ihm sehr zusetzte, saß er mit einem nassen Lappen über dem Kopf und einem feuchten Handtuch über den Schultern in der Badewanne. Nachdem Charlotte Corday ihm die versprochenen Namen von Girondisten genannt hatte, die in Caen Zuflucht gesucht hatten, stieß sie Marat das Messer in die Brust. Der tödlich Getroffene verstarb innerhalb kürzester Zeit. Die zusammengelaufenen Nachbarn konnten nur noch seinen Tod konstatieren und die Polizei alarmieren.

Charlotte Corday, die am Tatort geblieben war, setzte ihrer Verhaftung keinerlei Widerstand entgegen. »Ich habe meine Pflicht getan«, meinte sie nur, »nun sollen sie die ihrige tun.« Bei ihren Verhören versicherte die außerordentlich gefasste Corday nachdrücklich, dass sie allein gehandelt habe, um mit Marat einen Hauptverantwortlichen für den Terror zu vernichten. Mit ihrer Äußerung, dass sie einen Mann getötet habe, um »hunderttausend Menschen zu retten«, spielte sie auf eine Äußerung Robespierres vor der Hinrichtung des französischen Königs Ludwig XVI. an. Die Bemühungen ihres Verteidigers Claude François Chauveau-Lagarde, der später auch Marie Antoinette vertreten sollte, waren völlig aussichtslos.

Während sie in der Conciergerie, dem Pariser Staatsgefängnis, auf ihre Hinrichtung wartete, verfasste Charlotte Corday mehrere Briefe. In dem Abschiedsbrief an ihren Vater bat sie um Verzeihung für ihr eigenmächtiges Handeln: »Vergeben Sie mir, mein lieber Papa, dass ich, ohne Sie zu fragen, über mein Leben verfügte, und dass ich Sie hinterging, indem ich, unter dem Vorwand, nach London zu reisen, den ruchlosen Marat ermordete. Ich habe mein Vaterland von diesem Ungeheuer befreit. Sie wissen, dass nur das Verbrechen, nicht aber das Schafott beschimpft.« Ihr letzter Wunsch war, dass ein Maler ihr Porträt als Abschiedsgeschenk für ihre Familie malen sollte. Am 17. Juli 1793 wurde Charlotte Corday, die sich äußerst gefasst zeigte, in Paris auf der Place de la Révolution, der heutigen Place de la Concorde, mit der Guillotine hingerichtet.

Mit ihrer Tat erreichte Charlotte Corday aber nicht, dass Unschuldige vor der Guillotine gerettet wurden, sondern sie stachelte im Gegenteil den Fanatismus der Revolutionäre nur weiter an. Jean-Paul Marat wurde als Märtyrer verehrt. Die Errichtung der Schreckensherrschaft wurde beschleunigt. Für ihre Geschlechtsgenossinnen zeitigte ihre Tat die negative Wirkung, dass die Nationalversammlung die politischen Aktivitäten von Frauen mit dem Argument unterband, dass es »eine Frau war, die das Unglück Frankreichs verursachte.« Charlotte Corday selbst erlangte allerdings den Status einer Märtyrerin der Konterrevolution.

WILHELMINE REICHARD

* 1788 in Braunschweig
† 1848 in Dresden

Ballonfahrerin und Fabrikbesitzergattin

> »Wenn gleich die allgemeine Theilnahme,
> welche das Publikum für mein Unternehmen zu beweisen
> so gütig gewesen ist, sicherlich mehr meinem Geschlecht als
> meiner Person gilt.«

(WILHELMINE REICHARD)

Die erste deutsche Ballonfahrerin und Pionierin der Luftfahrt kam am 2. April 1788 als Johanne Wilhelmine Siegmundine Schmidt in Braunschweig zur Welt. Sie war die Tochter von Siegmund David Schmidt, herzoglicher Mundschenk und Opfermann (Kirchenrechner) in der St. Ulrici-Brüdernkirche, und dessen Ehefrau Juliane Wilhelmine Henriette Luedecken. Mit neunzehn Jahren heiratete sie am 6. August 1807 den ebenfalls aus Braunschweig stammenden, zwei Jahre älteren Johann Carl Gottfried Reichard, einen gelernten Setzer und studierten Chemiker. Noch im selben Jahr übersiedelte das Paar nach Berlin. Am 16. Oktober wurde das erste von insgesamt acht Kindern, die Tochter Siegmundine Caroline Friederike Christiane Elisabeth geboren. In den kommenden Jahren war die finanzielle Situation der jungen Familie schlecht. 1810 erfüllte sich für Gottfried Reinhard sein größter Wunsch: Mit dem von ihm konstruierten und gebauten Gasballon startete er im Mai als zweiter Deutscher zu seiner ersten Ballonfahrt.

Im Jahr darauf startete auch die zierliche, 23 Jahre alte Wilhelmine Reichard, die inzwischen wie ihr Ehemann vom Fliegen träumte, ihre Karriere als Ballonfahrerin, in der sie insgesamt siebzehn »Luftreisen« unternehmen sollte. Sie bekannte: »Schon bei dem ersten Aufsteigen meines Mannes lag ich ihm an, mich zur Begleiterin zu nehmen; allein da er die mit einem solchen Unternehmen verbundene Gefahr noch nicht aus eigner Erfahrung kannte, so trug er Bedenken, daß ich sie mit ihm theilen sollte, versprach mir aber, daß so bald er mich mit allen erforderlichen Vorsichtsmaßregeln praktisch bekannt machen könne, er alsdann meinen Wunsch zu erfüllen bereit sey.« Am 16. April 1811 war es soweit – sie stieg in Berlin als erste deutsche Frau mit einem Freiballon auf. Ihr Ehemann hatte diesen Aufstieg genauso wie die noch folgenden sorgfältig vorbereitet. Die zweite Fahrt folgte bereits am 2. Mai. Danach siedelte die Familie Reichard nach Dresden über, wo Wilhelmine Reichard am 30. September zu ihrer dritten abenteuerlichen Ballonfahrt startete. Während die ersten beiden Fahrten problemlos verliefen, stürzte sie bei ihrer dritten Fahrt ab. Unter schlechtesten Witterungsbedingungen aufgestiegen, erreichte sie zwar die Rekordhöhe von etwa 7800 Metern, aber sie verlor wegen des Sauerstoffmangels dabei das Bewusstsein und der Ballon zerriss. Sie erlangte noch einmal kurz das Bewusstsein, wie sie sich später erinnerte: »Ich erwachte nur noch auf einen Augenblick, und dieser war der schrecklichste meines Lebens. Ich fand mich in dem Schiffchen liegend, und das Barometer war meinen Händen entsunken. (…) Mein Blick fiel sogleich auf den Ball. Man denke sich, welches Entsetzen mich ergriff, als ich ihn gänzlich zersprengt, alles Gases entledigt, und stückweise durch das zerrissene Netz flattern sah.« Glücklicherweise trug sie von dem Absturz in der Nähe von Saupsdorf keine lebensgefährlichen Verletzungen davon, da der Ballon in einigen jungen Fichten hängen blieb. Über alle drei Fahrten veröffentlichte Wilhelmine Reichard ausführliche Berichte.

Nach dem Ende der Napoleonischen Kriege zog die Familie, die inzwischen auf drei Kinder angewachsen war, nach Döhlen, wo die Reichards eine eigene chemische Fabrik gründen wollten. Döhlen ist heute ein Stadtteil von Freital. 1815 erhielten sie die Konzession zur Errichtung einer Fabrik zur Herstellung von »technisch- und pharmaceytisch-chemischen Producten«.

Da das Ehepaar Reichard noch finanzielle Mittel für den Fabrikbau benötigte, begannen sie beide 1816 wieder mit dem Ballonfahren, das sie nun ausdrücklich als Einnahmequelle nutzen wollten. Jeder Aufstieg erhielt ein publikumswirksames »Rahmenprogramm«. Ballonfahrten waren damals, noch dazu, wenn sie von Frauen durchgeführt wurden, eine beliebte Attraktion. Wilhelmine Reichard selbst war ganz begeistert von diesen Erlebnissen, wenn sie »gleich einem Sonnenstäubchen im Weltall« schwebte und ihrer »Winzigkeit sich so augenscheinlich bewusst« wurde. Am 22. Juli 1816 absolvierte Wilhelmine Reichard von Berlin aus nach Fürstenwalde eine der ersten Zielfahrten mit dem Freiballon. Es wurde zugleich mit einer Dauer von dreieinhalb Stunden ihre längste Ballonfahrt überhaupt. Bei der fünften Fahrt am 29. August legte sie von Hamburg aus ca. 225 km zurück, die weiteste von ihr zurückgelegte Strecke. 1817 musste sie wegen ihrer Schwangerschaft und der Geburt ihres fünften Kindes im Oktober eine Pause einlegen. Erst im August 1818 konnte Wilhelmine Reichard mit ihren Ballonfahrten zum Gelderwerb für den geplanten Fabrikbau fortfahren. 1819 und 1820 feierte sie noch weitere Triumphe als »Luftschifferin«. Ihrer vierzehnten Fahrt am 30. Mai 1820 in Prag wohnte der österreichische Kaiser Franz I. bei, der sie zu zwei weiteren Aufstiegen nach Wien einlud. Bei der Fahrt am 10. August in Wien wurde diese Fahrt vom Boden aus von der Universitäts-Sternwarte und von der Triangulierungsdirektion auf dem Leopoldsberg astronomisch vermessen, wobei die Flugbahn des Ballons tabellarisch und graphisch aufgezeichnet wurde. Dies war damals ein Novum. Der finanzielle Ertrag der Fahrten war überaus lohnend. Am 1. Oktober 1820 beendete Wilhelmine Reichard ihre Ballonfahrt-Karriere in München, wohin sie König Max I. Joseph eingeladen hatte. Bei diesem Aufstieg zum Oktoberfest unternahm sie ihre Fahrt in einem bayerischen Trachtenkleid, das sie geschenkt bekommen hatte. Nach diesem letzten Auftritt widmete sie sich ganz ihren familiären Aufgaben.

Im Jahr darauf gründete ihr Ehemann seine chemische Fabrik in Döhlen, wozu Wilhelmine Reichard einen wesentlichen finanziellen Beitrag geleistet hatte. Diese Fabrik, die für Jahrzehnte die einzige ihrer Art in Sachsen blieb, stellte vor allem Schwefelsäure her. Das folgende Jahrzehnt war von dem Ausbau der Fabrik geprägt, wobei Wilhelmine Reichard ihrem Mann immer eine »bereite und sorgsame Rathgeberin« war. 1834 brachte sie ihr achtes und letztes Kind, Tochter Louise, zur Welt. Als ihr Ehemann 1844 unerwartet verstarb, war dies nach fast 37-jähriger Ehe ein harter Schlag für Wilhelmine Reichard: »Die Leute sagen ,Die Zeit lindere jeden Schmerz!' Darinn soll Trost liegen, für mich liegt das Gegentheil darinn!« Finanzielle Sorgen kamen hinzu. Die Fabrik wurde von den beiden Söhnen August und Gottfried weitergeführt. Am 23. Februar 1848 verstarb Wilhelmine Reichard in Dresden an den Folgen eines Schlaganfalls.

IDA PFEIFFER

* 1797 in Wien
† 1858 in Wien

Weltreisende und Reiseschriftstellerin

»Sie haben Unglaubliches durchgeführt.«
(ALEXANDER VON HUMBOLDT)

»Ich genieße wahrlich einen Weltruf. Welche Unterstützungen würde man mir zukommen lassen, hätte ich nicht das Unglück eine Oesterreicherin zu sein. Meine Regierung thut wenig, meine Landsleute garnichts; – ich muß jetzt, wie auf meiner ersten Reise, das Kreutzerchen zehnmal umwenden, bis ich ihn ausgebe, Entbehrungen erdulden, die man oft mit kleinen Summen umgehen könnte.« Als die Forschungsreisende Ida Pfeiffer dies 1852 schrieb, galt sie als Ausnahmeerscheinung, da eine Frau der Biedermeierzeit nicht alleine ausgedehnte Reisen unternahm – dies entsprach nicht den gesellschaftlichen Normen. Trotzdem fand sie öffentliche Anerkennung: Mehrere neu entdeckte Tiere, die sie gesammelt hatte, wurden nach ihr benannt. Durch ihre Reiseberichte war sie der internationalen Fachwelt ein Begriff geworden. Als erste Frau wurde sie Ehrenmitglied der »Gesellschaft für Erdkunde zu Berlin«. Eine besondere Ehre widerfuhr der Wienerin in Preußen zudem durch die Verleihung der Goldenen Medaille für Wissenschaft und Kunst durch König Friedrich Wilhelm IV. Auch die Société de Géographie de Paris machte sie wie die kaiserlich-königliche Geographische Gesellschaft in Wien zum Ehrenmitglied.

Die am 14. Oktober 1797 in Wien geborene Ida Reyer war die Tochter des Textilfabrikanten Aloys Reyer und von dessen Ehefrau Anna von Schwernfeld. Unter dem Einfluss des Vaters erhielt sie die gleiche männlich geprägte Erziehung wie ihre Brüder. Später erinnerte sie sich: »Ich war nicht schüchtern, sondern wild wie ein Junge und beherzter und vorwitziger als meine älteren Brüder.« Mit Begeisterung las Ida Reiseberichte und träumte davon, fremde Länder kennen zu lernen. Als die Mutter sie nach dem Tod des Vaters 1806 zu ihrer »wahren weiblichen Bestimmung« erziehen wollte, kam es zu heftigen Gegenreaktionen der Tochter. Erst dem Hauslehrer Emil Trimmel gelang es, sie mit ihrer Rolle als Mädchen zu versöhnen. Seinem Heiratsantrag 1814 verweigerte die Mutter aber die Zustimmung, da er in ihren Augen keine gute Partie darstellte, und sie untersagte der verliebten Ida alle weiteren Kontakte zu ihm.

Um den schwierigen häuslichen Verhältnissen zu entkommen, ging Ida Reyer im Mai 1820 eine Vernunftehe mit dem verwitweten und gut situierten Anwalt Dr. Mark Anton Pfeiffer aus Lemberg ein. Aus der nicht sehr glücklichen Ehe stammten zwei Söhne. Nachdem ihr Ehemann wegen finanzieller Schwierigkeiten seine Kanzlei schließen musste, lebte das Paar meist getrennt. Unter schwierigsten ökonomischen Bedingungen kümmerte sich Ida Pfeiffer um ihre Söhne: »(...) nun wusste ich oft kaum, wo ich (...) das Bischen Geld hernehmen sollte, um mir nur das höchst Nöthige anzuschaffen. Ich verrichtete alle Hausarbeiten, ich fror und hungerte, ich arbeitete im Geheimen für Geld, ich ertheilte Unterricht in Zeichnen und Musik, und doch trotz aller Anstrengungen gab es oft Tage, an welchen ich meinen armen Kindern kaum etwas mehr als trockenes Brot zum Mittagessen vorzusetzen hatte!« Das nach dem Tod ihrer Mutter geerbte bescheidene Vermögen versetzte Ida Pfeiffer in die Lage, endgültig nach Wien zu ziehen und die Söhne nach ihren Vorstellungen erziehen zu lassen. Als diese erwachsen und selbständig geworden waren, bot sich ihr trotz sehr begrenzter Geldmittel endlich die Chance, ihrer »Reiselust« zu frönen.

Am 22. März 1842 brach Ida Pfeiffer zu einer Pilgerfahrt nach Palästina auf, obwohl es nach Meinung von Freunden und Verwandten für eine Frau höchst unpassend war, allein zu reisen. Von Konstantinopel führte sie ihre Reise nach Beirut, Jerusalem, Damaskus und Alexandria bis nach Kairo. Meist schloss sie sich auf den einzelnen Reiseetappen anderen Reisenden an. Auf einem Kamel ritt sie durch die Wüste zur Landenge von Suez. Nach Aufenthalten in Malta und Sizilien kehrte sie über Neapel und Rom im Dezember 1842 nach Wien zurück. Ihr Reisetagebuch veröffentlichte sie 1844 anonym unter dem Titel »Reise einer Wienerin in das heilige Land«. Das Buch wurde ein großer Publikumserfolg, aber erst mit der vierten Auflage 1856 bekannte sich Ida Pfeiffer zu ihrer Autorenschaft. Vor allem die Einnahmen aus ihren in sieben Sprachen übersetzten Publikationen, die vom gehobenen Bürgertum sehr geschätzt wurden, setzten sie in die Lage, weitere Reisen zu planen. Eine zusätzliche Einnahmequelle boten auch die von ihr auf den Reisen ge-

sammelten Naturalien und mitgebrachten Artefakte, die sie an
Museen verkaufte.

Um auf die kommenden Reisen gut vorbereitet zu sein, eignete sich Ida Pfeiffer naturkundliche Kenntnisse, Sammeltechni-
ken und Konservierungsmethoden an. Außerdem beschäftigte
sie sich mit Fotografie. Da ihre nächste Reise nach Skandinavi-
en gehen sollte, lernte sie Englisch und Dänisch. Im April 1845
brach sie zu ihrer Nordlandreise auf. Ihr erstes Reiseziel Island
enttäuschte sie, da sie sich die Insel als »wahres Arkadien« vorgestellt hatte. Christiania, das heutige Oslo, und Stockholm
bildeten weitere Etappen ihrer Reise. Nach der Rückkehr nach
Wien verarbeitete sie ihre Erlebnisse in der »Reise nach dem
skandinavischen Norden und der Insel Island im Jahre 1845«.

Im Mai 1846 brach sie zu ihrer ersten Weltreise auf. In Hamburg schiffte sie sich nach Rio de Janeiro ein. Nachdem sie in
Brasilien knapp einem Mordanschlag entkommen war, traf sie
nach einer Passage um Kap Hoorn im chilenischen Valparaiso
ein. Über Tahiti, Macao, Hongkong, Kanton und Singapur kam
sie nach Ceylon. Sie bereiste Indien, wo sie u. a. an einer Tiger-
jagd teilnahm. Ihre Reise führte sie weiter nach Mesopotamien
und Persien. Sie besuchte Bagdad, begleitete Karawanen durch
die Wüste und sah die Ruinen von Babylon, Ninive und Nimrud. Über Armenien, Georgien, Odessa, Konstantinopel und
Athen kehrte sie im November 1848 nach Wien zurück. 1850
erschienen ihre Aufzeichnungen unter dem Titel »Eine Frau-
enfahrt um die Welt«. Zu ihrer zweiten Weltreise startete sie
im Mai 1851. Über London reiste sie nach Kapstadt und weiter
Richtung Singapur. Sie besuchte die Inseln Borneo, Java und Sumatra. Ihr Weg durch das Innere von Borneo, das sie als erste
Weiße durchquerte, wurde für spätere Forschungsreisende zum
Vorbild. Nach dem Besuch der Sundainseln und der Molukken
segelte sie nach Kalifornien weiter, wo sie noch den Goldrausch
erlebte. Mehr als an San Francisco mit seinen Spielhäusern war
sie an dem Leben der indianischen Bevölkerung interessiert. Sie
bereiste Ecuador und Peru und nach der Überquerung der Kordilleren erreichte sie Ende Mai 1854 via Panama wieder Nordamerika. Einen Monat später traf sie in London ein. 1856 veröffentlichte sie ihren Reisebericht unter dem Titel »Meine zweite
Weltreise«.

Im Mai 1856 reiste sie nach Mauritius, von dort setzte sie
ihre Reise nach Madagaskar fort. Als innenpolitische Unruhen
in Madagaskar ausbrachen, wurde sie inhaftiert und schließlich

ausgewiesen. Von der Malaria schwer gezeichnet traf sie wieder in Mauritius ein, an eine Weiterreise nach Australien war nicht mehr zu denken. Im September 1858 traf Ida Pfeiffer wieder in Wien ein, wo sie schon in der Nacht vom 27. auf den 28. Oktober verstarb. Ihre »Reise nach Madagaskar« erschienen 1861 postum.

VICTORIA I. ALEXANDRINA

* 1819 in London
† 1901 in Osborne House (Insel Wight)

Königin des Vereinigten Königreichs von
Großbritannien und Irland,
Kaiserin von Indien

> »Kurs halten, egal wohin die Fahrt geht.«
>
> (KÖNIGIN VICTORIA)

Als die 18-jährige Prinzessin Victoria 1837 ihrem Onkel König William IV. auf den Thron von Großbritannien und Irland nachfolgte, begann eine über 63 Jahre dauernde, erfolgreiche Regierungszeit, die bis heute längste Regentschaft in der britischen Geschichte. Das nach ihr benannte Viktorianische Zeitalter war geprägt von wirtschaftlichem Aufschwung, imperialistischer Expansion und einem bürgerlich-strengen Moralprinzipien verpflichteten Gesellschaftsbild. Als konstitutionelle Monarchin herrschte sie fast über ein Viertel der Erde und ein Viertel der Weltbevölkerung.

Am 24. Mai 1819 wurde Victoria Alexandrina im Londoner Kensington Palace als Tochter des Herzogs Edward von Kent und der Prinzessin Marie Louise Victoire von Sachsen-Coburg-Saalfeld geboren. Zum Zeitpunkt ihrer Geburt stand die Prinzessin an fünfter Stelle in der britischen Thronfolge, und es schien eher unwahrscheinlich, dass sie zur Thronerbin avancieren würde. Nur wenige Monate nach Victorias Geburt starb ihr Vater. Die Herzogin überwachte sorgfältig die Erziehung ihrer Tochter und hielt sie von den in schlechtem Ruf stehenden Höfen ihrer Onkel fern. Da Victoria ohne Altersgenossen aufwuchs, wurde ihre deutsche Erzieherin Baronin Luise Lehzen in ihrer wenig abwechslungsreichen Kindheit eine wichtige Bezugsperson. Neben einer guten sprachlichen Ausbildung eignete sich die Prinzessin gewisse Kenntnisse in Geographie, Geschichte und Politik an.

Mit Victorias Regierungsantritt endete die seit 1714 bestehende Personalunion mit dem Königreich Hannover aufgrund der dort herrschenden Erbfolgeregelung, die eine weibliche Thronfolge ausschloss. Am 28. Juni 1838 fand die feierliche Krönung Victorias in der Londoner Westminster Abbey statt. Ungeachtet ihres großen Selbstbewusstseins und ihrer Selbständigkeit sollte sich Königin Victoria als gewissenhafte Regentin erweisen, deren herausragende Eigenschaft ihr gesunder Menschenverstand war. In ihrem Verhältnis zu den Premierministern ließ sich die Königin jedoch von persönlichen Gefühlen leiten. Während sie etwa für den charmanten Benjamin Disraeli eine Schwäche hatte, brachte sie dem eher langweiligen und äußerst pedantischen William Edward Gladstone ausgesprochenen Widerwillen entgegen.

Trotz konstitutioneller Regierungsform versuchte Victoria den Regierungskurs zu beeinflussen, wobei ihre wesentliche Macht hauptsächlich darin bestand, dass die Minister ihren Wünschen nachkamen und sich ihrem Willen beugten. In entscheidenden politischen Fragen hat die Königin aber immer die Grundsätze des Parlamentarismus befolgt.

Am 10. Februar 1840 heiratete Victoria ihren Vetter Prinz Albert von Sachsen-Coburg-Gotha. Es war seitens der Königin eine Liebesheirat. Ihrem höheren Rang entsprechend machte sie dem Prinzen den Heiratsantrag. Victoria notierte dazu in ihr Tagebuch: »Um halb eins ließ ich Albert zu mir bitten. Er kam in das Kabinett, wo ich ihn allein empfing, und nach einigen Minuten sagte ich, ich glaube, er wisse wohl, warum ich ihn hergebeten habe – und dass ich so glücklich wäre, wenn er dem zustimmte, was ich mir wünschte (dass er mich heirate).« Der begabte Prinz wurde ihr engster Berater und übte großen Einfluss auf sie sowohl im privaten wie auch politischen Leben aus. Aus der harmonischen Ehe gingen neun Kinder hervor. »Ach, wenn ich unser schönes, glückliches gemeinsames Leben nur richtig beschreiben könnte«, vermerkte sie. Die Schwangerschaften und Geburten empfand sie allerdings als negative Seite ihrer Ehe. Ihrer ältesten Tochter Vicky schrieb sie später dazu: »Du weißt ganz genau, dass ich Babies nicht hasse (...), aber ich hasse ihre unangebrachte Vergötterung und die ekelhaften Umstände ihrer animalischen Existenz, die ich nicht sehen will.« Es war Alberts Verdienst, dass am viktorianischen Hof strenge moralische Maßstäbe aufgestellt wurden. Das Privatleben der britischen Königsfamilie wurde zum Inbegriff von Häuslichkeit und Anstand.

Victoria überließ ihrem Ehemann zunehmend die führende Rolle in der Politik. Die wohl bedeutendste Leistung Alberts bestand darin, dass es ihm gelang, die Rolle der konstitutionellen Monarchie als »über der Tagespolitik« stehend festzulegen und die Krone wieder populär zu machen. Albert widmete sich auch den sozialen Problemen der Arbeiterklasse, von denen Victoria wenig begriff. Der Schwerpunkt ihrer Interessen lag auf der Außenpolitik.

Nach Prinz Alberts Tod im Dezember 1861 zog sich die untröstliche Victoria jahrelang beinahe ganz aus dem öffentlichen Leben zurück, worunter ihre Beliebtheit litt. Fortan trug die verwitwete Königin meist nur noch ein anspruchsloses schwarzes Kleid samt Haube mit Witwenschleier. Ihren eher zu Übermaß neigenden Zeitgenossen imponierte, dass Victoria kein Geld zum Fenster hinauswarf und keine Extravaganzen kannte. Sie verschwendete nicht, noch geizte sie. Trotz ihrer Zurückgezogenheit ließ sie sich über alle Regierungsmaßnahmen genau unterrichten und hielt mit ihren Ansichten nicht zurück, wenn sie mit dem jeweiligen politischen Kurs nicht einverstanden war. Sie drohte sogar mit ihrer Abdankung, als ihr Premierminister Disraeli im russisch-türkischen Konflikt (1877/1878) nicht nachdrücklich genug Stellung gegenüber Russland bezog.

Zu den bedeutendsten Ereignissen in den letzten 25 Jahren ihrer Regierungszeit gehörten die Erhebung Victorias zur Kaiserin von Indien am 1. Mai 1876 und der Erwerb der Suezkanal-Aktien für Großbritannien. 1887 konnte sie ihr goldenes Thronjubiläum feiern, dessen Feierlichkeiten noch von jenen zum diamantenen Jubiläum 1897 übertroffen wurden.

Durch die Einheirat ihrer Kinder, Enkel und Urenkel in die bedeutenden europäischen Königs- und Fürstenhäuser wurde sie zur »Großmutter Europas« und erlangte einen nachhaltig wirkenden dynastischen Einfluss auf die europäische Politik. Unglücklicherweise war Victoria aber auch Überträgerin der Bluterkrankheit, einer Erbkrankheit, die über einige ihrer Nachkommen in das spanische, preußische und russische Herrscherhaus weitergegeben wurde.

Am 22. Januar 1901 starb Königin Victoria in den Armen ihres ältesten Enkels, des deutschen Kaisers Wilhelm II., in Osborne House auf der Insel Wight. Nachfolger wurde ihr ältester Sohn Edward VII. Die meisten ihrer Untertanen empfanden ihren Tod als einen tiefen Einschnitt. Lord Esher verlieh diesem Gefühl Ausdruck: »Es ist, als begännen wir ein neues Leben in einer neuen Welt.«

CLARA SCHUMANN

* 1819 in Leipzig
† 1896 in Frankfurt am Main

Pianistin und Komponistin

»Sie ist die unenthronte Königin unter den Pianistinnen.«

(HANS VON BÜLOW)

Clara Schumann, die sich zunächst unter ihrem Mädchen-
namen Clara Wieck einen Namen machte, gilt als bedeutendste Pianistin des 19. Jahrhunderts. Auch als Lehrerin konnte sie
sich profilieren, dagegen trat ihr kompositorisches Schaffen in
den Hintergrund. Sie selbst unterschätzte ihre Werke und tat sie
als »Frauenzimmerarbeit« ab. Mit zwanzig Jahren schrieb sie:
»Einst dachte ich, dass ich kreatives Talent besäße, aber ich habe
diesen Gedanken aufgegeben; eine Frau darf sich nicht zum
Komponieren versteigen – keine hat es je gekonnt, warum sollte
ausgerechnet ich es können?«

Am 13. September 1819 kam sie als Tochter des Musikpäd-
agogen und Klavierhändlers Friedrich Wieck und dessen Ehefrau Marianne Tromlitz, einer Sängerin und Pianistin, in Leipzig zur Welt. Als Clara fünf Jahre alt war, begann ihr Vater mit
dem Klavierunterricht. Die Ehe ihrer Eltern war zu diesem Zeitpunkt bereits geschieden. Schon vor der Geburt des Kindes war
Friedrich Wieck fest dazu entschlossen, dieses Kind, von dem er
hoffte, das es ein Mädchen sein würde, zu einem brillanten Pia-
nisten heranzuziehen und damit gleichsam einen Beweis für die
von ihm entwickelte Lehrmethode zu erbringen. Eine normale Kindheit blieb seiner Tochter, die in den kommenden Jahren
zum Zentrum seines Lebens wurde, dadurch verwehrt. Da sich
alles ihrer Karriere als Pianistin unterzuordnen hatte, blieb ihre
sonstige Bildung auf der Strecke. Wiecks Bestreben, das Leben
seiner Tochter in allen wichtigen Belangen zu überwachen und
zu kontrollieren, nahm später geradezu despotische Züge an.

Nach einigen privaten Konzerten trat Clara Wieck am 20.
Oktober 1828 erstmals öffentlich zusammen mit einer anderen
Schülerin mit einem vierhändigen Stück von Friedrich Kalkbren-
ner im Leipziger Gewandhaus auf. Die »Allgemeine musikali-

sche Zeitung« aus Leipzig zeigte sich von diesem hoffnungsvollen jungen Talent sehr angetan: »In demselben Konzerte war es uns noch besonders angenehm, die erst neunjährige, mit vielen Musikanlagen ausgestattete Clara Wieck vierhändige Variationen über einen Marsch aus ‚Moses' von Kalkbrenner, mit allgemeinem und verdientem Beifalle vortragen zu hören.« Zwei Jahre später gab das musikalische Wunderkind im Leipziger Gewandhaus sein erstes selbständiges, erfolgreiches Konzert.

Während der Konzertsaison 1831/1832 unternahm Wieck mit seiner Tochter eine größere Konzerttournee, die bis nach Paris führte. Nach der Rückkehr trat Clara Wieck fast regelmäßig im Leipziger Gewandhaus auf, wobei vor allem auf Virtuosität angelegte Stücke von ihr gespielt wurden. In diesen Jahren veröffentlichte sie auch mehrere von ihr komponierte Klavierstücke. Weitere erfolgreiche Konzertreisen folgten. 1838 ernannte sie der österreichische Kaiser Ferdinand I. zur k. k. Kammervirtuosin, eine Ehre, die bis dahin noch keiner Ausländerin und Protestantin widerfahren war. Im selben Jahr wurde sie von der Wiener Gesellschaft der Musikfreunde zum Mitglied gewählt.

Gegen den erbitterten Widerstand ihres Vaters heiratete Clara Wieck am 12. September 1840 den Komponisten Robert Schumann in Schönfeld bei Leipzig. Friedrich Wieck betrachtete den labilen und in finanziell ungesicherten Verhältnissen lebenden Schumann, dessen Karriere als Pianist wegen einer Verletzung des Mittelfingers bereits vorzeitig beendet war, als ungeeigneten Schwiegersohn. Erst ein Gerichtsbeschluss hatte die Eheschließung ermöglicht. Zwar trat nach der Heirat Clara Schumanns Konzerttätigkeit zunächst in den Hintergrund, weil ihr Ehemann ihre Gegenwart an seiner Seite wünschte und ein Teil ihrer Zeit mit Haushaltspflichten ausgefüllt war. Zudem brachte sie in den folgenden Jahren in rascher Folge insgesamt acht Kinder zur Welt. Die eigentliche Betreuung und Erziehung der Kinder wurde allerdings an Ammen bzw. Kindermädchen delegiert. Zeitlebens hatte Clara Schumann ein eher distanziertes Verhältnis zu ihren Kindern, die sie alle nach dem Tod ihres Mannes in Pension gab, um sich ungestört ihrer Karriere widmen zu können.

Schon bald setzte sich Clara Schumann bei ihrem Ehemann damit durch, wieder auf Konzertreisen gehen zu können. Es waren nämlich weitgehend ihre Konzerte, die die finanzielle Basis der Familie erwirtschafteten. Ihre Erfolge stimmten Robert Schumann zeitweilig missmutig, und als Begleiter auf ihren

Konzertreisen war er schwierig. Daneben gab Clara Schumann noch Unterricht und fand Zeit für eigene Kompositionen. Das Trio für Pianoforte, Violine und Violoncello (op. 17) gilt als Höhepunkt ihres kompositorischen Schaffens. Von den vielfachen Belastungen der Künstlerin zeugt auch ein Brief, den sie 1851 aus Düsseldorf an ihre Schwägerin geschrieben hatte: »Schüler die Menge, Proben die Menge, dabei immer in Concerten zu spielen, ein Haushalt, fünf Kinder und nur zwei Leute – kurz, ich weiß manchmal kaum, wo mir der Kopf steht!«

1853 musste Robert Schumann seine drei Jahre zuvor angetretene Stelle als Städtischer Musikdirektor in Düsseldorf krankheitsbedingt aufgeben. Nach seiner 1854 ausgebrochenen geistigen Erkrankung, die in einem Selbstmordversuch im Rhein und seiner darauf folgenden Einweisung in eine Nervenheilanstalt gipfelte, und vor allem nach seinem Tod im Jahr 1856 musste Clara Schumann allein für den Unterhalt und die Ausbildung ihrer Kinder sorgen. In dieser schwierigen Zeit war der vierzehn Jahre jüngere Komponist und Pianist Johannes Brahms, der in sie verliebt war, ein treuer Freund. »Nur mit ihm«, stellte sie fest, »kann ich so recht über alles, was mein Herz bewegt, sprechen!« Ob es sich bei dieser intensiven Beziehung zeitweise auch um ein Liebesverhältnis handelte, ist nicht eindeutig zu klären. Die sehr enge Freundschaft mit Brahms lockerte sich zwar im Laufe der Zeit, aber bis zu Clara Schumanns Tod standen die beiden Künstler in Kontakt.

Clara Schumann unternahm weiterhin Konzertreisen in das In- und Ausland. War sie in früheren Jahren vor allem als Interpretin von Beethoven, Mendelssohn und Chopin hervorgetreten, galt ihr Interesse später vor allem den Werken von Schumann und Brahms. Ihre rege Konzerttätigkeit beendete sie erst 1891, als ein Gehörleiden sie dazu zwang.

1878 wurde sie am neu gegründeten Hochschen Konservatorium in Frankfurt am Main zur »Ersten Klavierlehrerin« berufen. Außerdem betreute sie die Herausgabe der Robert-Schumann-Gesamtausgabe und veröffentlichte die Jugendbriefe Schumanns. Am 20. Mai 1896 starb Clara Schumann in Frankfurt am Main.

FLORENCE NIGHTINGALE

* 1820 in Florenz
† 1910 in London

Pionierin der modernen Krankenpflege

> *»Nur wenige Leben verliefen nutzbringender*
> *und anregender als ihres.«*
>
> (NEW YORK TIMES)

In Großbritannien wurde Florence Nightingale wegen ihres Einsatzes während des Krimkrieges als Nationalheldin verehrt. Viele damals geborene Mädchen wurden nach ihr benannt. Als legendäre »Dame mit der Lampe« ging ihr Bild in die Geschichte ein. Dieser Spitzname entstand, weil sie wegen des täglichen Kampfes um Verbesserungen der Infrastruktur im Lazarett oft erst abends dazu kam, nach den von ihr betreuten Kranken mit einer Petroleumlampe in der Hand zu sehen. Weniger bekannt ist, dass die mathematisch begabte Florence Nightingale Prinzipien der Statistik in die Krankenpflege einführte und Mitglied sowohl in der britischen Royal Statistical Society als in der American Statistical Association war.

Florence Nightingale wurde am 12. Mai 1820 in Florenz in eine wohlhabende, gebildete Familie der englischen Oberschicht hineingeboren. Ihre Eltern, William Edward Nightingale und seine Ehefrau Frances Smith, nannten die Tochter nach ihrer Geburtsstadt. Nach der Rückkehr nach Großbritannien lebte die Familie in den Sommermonaten auf dem in Derbyshire gelegenen Landsitz Lea Hurst, während sie den Rest des Jahres auf dem in Hampshire gelegenen Embley Park verbrachte. Da William Nightingale Wert auf eine Erziehung im liberalen Sinn legte und dafür keine geeignete Hauslehrerin fand, unterrichtete er seine beiden Töchter Parthenope und Florence selbst in Latein, Griechisch, Deutsch, Französisch und Italienisch sowie in Geschichte und Philosophie.

Zum großen Ärger ihrer Mutter begehrte die intelligente Florence Nightingale, die mehr an ihrem Vater hing, früh gegen gesellschaftliche Konventionen auf und lehnte vielversprechende Heiratsanträge ab. Die junge Frau sah vor allem die

Gesundheitsfürsorge für die Unterschichten als dringend ver-
besserungsbedürftig an und wollte sich deshalb in Zukunft der
Krankenpflege widmen. Durch ein besonderes »Erlebnis« fühlte
sie sich bereits im Alter von siebzehn Jahren berufen, wie sie ihrem Tagebuch anvertraute: »Am 7. Februar 1837 hat Gott zu mir
gesprochen und mich in seine Dienste berufen.« Als die Fünf-
undzwanzigjährige ihrer Familie mitteilte, dass sie Krankenpflegerin werden wolle, reagierten ihre Angehörigen mit Empörung, da dieser Beruf damals einen schlechten Ruf genoss und
für eine Angehörige der Oberschicht keinesfalls in Frage kam.
1850 konnte sie immerhin durchsetzen, dass sie sich für zwei
Wochen in Kaiserswerth, wo der evangelische Pfarrer Theodor
Fliedner ein Krankenhaus und eine Diakonissenanstalt gegründet hatte, aufhalten durfte. 1851 suchte sie Kaiserswerth erneut
für einige Wochen auf, wo sie eine Einführung in die Pflege erhielt. Später ging sie nach Paris zu den Barmherzigen Schwestern, um deren Pflegemethoden zu studieren.

1853 übernahm Florence Nightingale, die in den Jahren davor systematisch Fakten über Krankenhäuser und Krankenpflege gesammelt hatte, die Leitung eines heruntergewirtschafteten
Sanatoriums für kranke Gouvernanten in London. Als Vorstehe-
rin führte sie in dieser Einrichtung Reformen durch, die daraus
ein Krankenhaus nach ihren Vorstellungen formten.

Als im Herbst 1854 in den britischen Zeitungen Berichte
über die katastrophale Lage der medizinischen Versorgung im
Krimkrieg erschienen, wurde Florence Nightingale vom Kriegs-
ministerium damit beauftragt, sich der britischen Verwundeten
anzunehmen. Mit 38 Pflegerinnen reiste sie zu dem britischen
Militärlazarett von Skutari, dem heutigen Üsküdar in Istanbul,
wo sie Anfang November eintraf. Trotz des Widerstands des
britischen Militärs, das zunächst keine Einmischung von Zivil-
personen in militärische Angelegenheiten wünschte, und trotz
einer vor Ort grassierenden Choleraepidemie gelang es Florence
Nightingale unter unermüdlichem Einsatz, großer Willensstärke und unter Beisteuerung eigener finanzieller Mittel die mise-
rable Situation für die zahlreichen Verwundeten zu verbessern.
Sie sorgte für eine Verbesserung der hygienischen Einrichtungen und für eine gesündere Ernährung der Patienten. Tatsächlich gelang es, die Sterblichkeitsrate erheblich zu senken. »Ich
bin in einem Zustand chronischer Wut,« schrieb sie. »Ich habe
zugesehen, wie die Männer, die mit nichts weiter bedeckt waren
als mit einer schmutzigen Decke und nichts weiter am Leib tru-

gen als ihre Uniformhosen, in diesem schrecklichen Winter auf unnötigen Umwegen zu uns gebracht wurden – während wir doch wussten, dass die Vorratslager überquollen mit warmer Kleidung. Die Männer waren wie lebende Skelette, zerfressen von Ungeziefer, mit Geschwüren übersät, den Kopf in eine Decke eingebunden, so kamen sie an, ohne ein Wort zu sagen; sie verschieden (…) klaglos.« Nachdem der letzte Patient das Lazarett verlassen hatte, kehrte sie im Juli 1856 in die Heimat zurück, allerdings sollte sie seitdem zeitlebens kränklich bleiben. 1857 verfasste sie, basierend auf ihren Erfahrungen im Krimkrieg, die Schrift »Notes on Matters Affecting the Health, Efficiency and Hospital Administration of the British Army«. Ihr rastloser Einsatz auf diesem Kriegsschauplatz bewog später Henry Dunant zur Gründung des Roten Kreuzes. 1872 erklärte er: »Was mich während des Krieges von 1859 dazu brachte, nach Italien auf das Schlachtfeld von Solferino zu gehen und dort zu helfen, war das große Vorbild, das Florence Nightingale uns auf der Krim gegeben hatte.«

Einen ihr anvertrauten Fonds von 45 000 Pfund verwendete sie 1860 für die Errichtung einer Krankenpflegeschule am St. Thomas Hospital in London sowie für die Ausbildung von Hebammen am Londoner King's College. Am St. Thomas Hospital etablierte sie das später als Nightingalesches System bezeichnete Ausbildungsmodell in der Krankenpflege, das zum weltweiten Vorbild wurde. Durch die von ihr eingeführte solide Ausbildung wurde der Beruf der Krankenpflegerin stark aufgewertet. Zusammen mit Schwester Agnes Jones entwickelte Florence Nightingale außerdem die Idee der Hauskrankenpflege. 1859 erschien ihr bekanntestes Werk »Notes on Nursing«, das in elf Sprachen übersetzt wurde. In den nächsten Jahrzehnten fungierte sie als Ratgeberin für das britische Gesundheitswesen. Unter ihrer Leitung führte die Regierung die systematische Erhebung einer Statistik zu den Bevölkerungszahlen, zur Geburts- und Todesrate sowie zu den Todesursachen ein. Schon in ihrer frühen Jugend hatte Florence Nightingale ein außergewöhnliches Talent für Mathematik bewiesen, wobei sie sich besonders für Statistik interessierte. Sie gilt als Pionierin der Anwendung statistischer Hilfsmittel im Gesundheitswesen.

Obwohl Florence Nightingale selbst einen Lebensweg außerhalb der damals gültigen gesellschaftlichen Konventionen für Frauen eingeschlagen hatte, war sie keine Befürworterin der Emanzipation der Frau. An der Gleichberechtigung war sie nicht interessiert. Dem Wahlrecht für Frauen maß sie nur eine geringe Bedeutung zu. Hochgeehrt starb Florence Nightingale, die nie ein öffentliches Amt bekleidet hatte, am 13. August 1910 in London.

LOLA MONTEZ

* 1821 in Grange
† 1861 in New York City (New York, USA)

Tänzerin und Abenteuerin

>*»Wenn ich alles Falsche über Lola Montez in den Zeitungen*
oder Büchern sammeln würde, so ergäbe das einen Berg,
der den Chimborazo überragte.«

(LOLA MONTEZ)

Als der Maler Joseph Stieler 1847 Lola Montez in spanisch anmutender Kleidung für die berühmte Schönheitsgalerie König Ludwigs I. von Bayern malte, hatte die Karriere der Tänzerin ihren Zenit erreicht. Heute hängt dieses Bildnis in Schloss Nymphenburg in München.

Am 17. Februar 1821 wurde Lola Montez in dem irischen Dorf Grange als Tochter des Leutnants Edward Gilbert und dessen Ehefrau Eliza Oliver geboren und auf die Namen Elizabeth Rosanna getauft. Mit der Einberufung Gilberts nach Indien siedelte die Familie dorthin um. Nach dem Tod des Vaters und der Wiederverheiratung der Mutter kam Lola zur Erziehung nach England. Um nicht mit einem vermögenden alten Richter verheiratet zu werden, ließ sich die Sechzehnjährige von dem Leutnant Thomas James entführen und heiraten. Zusammen mit James kehrte Lola nach Indien zurück. Die bald zerrüttete Ehe bewog Lolas Eltern, sie wieder nach England zu schicken. Die Ehe wurde zwar nicht geschieden, aber die offizielle Trennung ausgesprochen. Da sich die junge Frau nicht in die strenge Obhut der Familie ihres Stiefvaters begeben wollte, wandte sie sich dem Theater zu. Sie gedachte dabei, ihre Schönheit als Kapital in die Wagschale zu werfen: »Schön zu sein! Welche Macht und welches Glück! Nur auftreten zu dürfen, um aller Blicke, aller Huldigungen auf sich zu ziehen, Liebe und Begeisterung zu erregen.« Da Spanien sehr in Mode war, nahm sie Unterricht in spanischen Tänzen, eignete sich Spanischkenntnisse an und trat als die aus Sevilla stammende Tänzerin Maria de los Dolores Porris y Montez auf.

Am 3. Juni 1843 fand ihr Debüt als Tänzerin im Londoner Royal Theatre statt. Als jedoch bekannt wurde, wer sich hinter dem Namen Lola Montez verbarg, musste sie ihre Tanzkarriere auf den europäischen Kontinent verlegen. Auf ihrer Tournee sorgte sie vor allem durch extravagantes und provokantes Benehmen für Aufsehen. Am 5. Oktober 1846 traf Lola Montez in München ein. Nachdem ihr am königlichen Hof- und Nationaltheater ein Gastspiel verweigert wurde, verschaffte sie sich am 8. Oktober eine Audienz bei König Ludwig I. von Bayern. In dieser Audienz, in deren Verlauf sie sich angeblich ihr Kleid vom Hals bis zum Gürtel mit einem Brieföffner aufschlitzte, erreichte sie, dass sie auftreten durfte. Seit der Audienz stand der für weibliche Reize empfängliche 60-jährige König ganz im Bann der Schönen. Er verglich sich mit dem Vesuv, »der für erloschen galt, bis er plötzlich wieder ausbrach (…). Einen neuen Schwung hat mein Leben bekommen, jung bin ich wieder geworden, freudig sieht mich die Welt an.« Der abgesehen von seinen Ausgaben für Bau- und Kunstwerke als knauserig geltende Monarch gab für die Tänzerin immense Geldsummen aus, die sich jedoch durch ihr gewohnt skandalträchtiges Auftreten zahlreiche Feinde schuf. Für Unmut sorgte vor allem ihr Wunsch, in den Adelsstand aufzusteigen und damit Zugang zur exklusiven Hofgesellschaft zu erlangen. Die bayerische Verfassung setzte bei Standeserhöhungen die bayerische Staatsbürgerschaft voraus. Der deswegen angegangene Staatsrat lehnte dies ab. Als das katholisch-konservative Ministerium in einem öffentlich bekannt gewordenen Gesuch auf die Entfernung der »Unruhestifterin« drängte, entließ Ludwig empört das Kabinett, erteilte seiner Favoritin am 28. Februar 1847 das bayerische Indigenat und berief ein neues liberales Ministerium. Aus der Privataffäre des Königs war eine Staatsaffäre geworden. Der politische Umschwung löste nicht nur Zustimmung aus – am 1. März kam es in München zu ersten Unruhen. Der Protest richtete sich vor allem gegen Lola Montez: »Zum ersten Male während meines unruhigen Lebens war ich inmitten eines Volkstumultes, ja, ich war der Mittelpunkt, das Ziel desselben.«

Im Sommer 1847 konnte Lola Montez zwar ihre Erhebung zur Gräfin von Landsfeld durchsetzen, aber die vornehme Gesellschaft verschloss sich ihr weiterhin. Da auch die Mitglieder des neuen Kabinetts jeden Kontakt mit der schlecht beleumundeten Gräfin ablehnten, wurde es Ende November 1847 entlassen und ein neues Kabinett berufen. An der Münchner Universität hatte sich schon im Sommer 1847 die Studentenverbindung »Alemannia« gebildet und die Rolle einer Leibgarde für Lola Montez übernommen. Da es deswegen fortwährend zu Unruhen in der Studentenschaft kam, ließ Ludwig I. am 9. Februar 1848 die Universität bis zum Wintersemester 1848/49 schließen. Außerdem mussten alle nicht in München heimischen Studenten die Stadt innerhalb von 48 Stunden verlassen. Angesichts der daraufhin eskalierenden Situation in München gab der König am 11. Februar den Forderungen der Bürgerschaft nach, verfügte die sofortige Wiederaufnahme des Lehrbetriebs und die Ausweisung der verhassten »Spanierin«. Lola Montez' Gastspiel in Bayern war beendet. Als drei Wochen später in München wie im übrigen Deutschland die Märzrevolution ausbrach, dankte der durch seine Liebesaffäre kompromittierte Ludwig I. zugunsten seines Sohnes Maximilian ab.

Über die Schweiz kehrte Lola Montez nach London zurück, wo sie 1849 den reichen Erben George Trafford Heald heiratete. Vor dem von der Verwandtschaft des Bräutigams angebahnten Prozess wegen Bigamie wich sie nach Frankreich aus. Die Verbindung mit Heald endete in einem Vergleich. Wegen finanzieller Probleme veröffentlichte die Montez ab Januar 1851 ihre Memoiren in der Tageszeitung »Le Pays«, denen aber kein großer Erfolg beschieden war. Im Spätherbst 1851 brach Lola Montez in die Vereinigten Staaten auf. Da vor allem ihr Name als Publikumsmagnet wirkte, ließ sie sich das Theaterstück »Lola Montez in Bavaria« auf den Leib schreiben und versuchte sich als Schauspielerin. Am 25. Mai 1852 wurde das Stück in New York uraufgeführt. Es gehörte in den kommenden Jahren zum Repertoire der finanziell erfolgreichen Tourneen der Montez durch die Vereinigten Staaten und Australien. Im Juli 1853 ging Lola Montez vorübergehend eine Ehe mit dem Verleger Patrick Purdy Hull in San Francisco ein. Nach dem Ende ihrer Karriere als Tänzerin und Schauspielerin 1856 verdiente sie sich ihren Lebensunterhalt mit Lesungen. Neben autobiografischen Vorträgen bot sie auch solche über Schönheitspflege und historische Begebenheiten an, wobei die großen Wendungen der Weltgeschichte ihrer Ansicht nach allein von Frauen herbeigeführt worden waren. 1858 erschienen die Lectures in Buchform. Im selben Jahr folgten noch zwei weitere Bücher, von denen »The Arts of Beauty; or Secrets of a Lady's Toilet. With Hints to Gentlemen on the Art of Fascinating« ihr am weitesten verbreitetes Werk sein dürfte. Gegen Ende ihres Lebens wurde Lola Montez zu einer bekennenden Christin, die täglich in der Bibel las. Am 17.

Januar 1861 verstarb sie in New York. Ihr nicht unbeachtliches Vermögen ging an verschiedene wohltätige Organisationen. Die Lebensgeschichte dieser als Femme fatale geltenden Schönen liefert jedoch weiterhin den Stoff für Romane sowie bereits für eine Operette und den bekannten Film von Max Ophüls aus dem Jahr 1955.

ELISABETH VON ÖSTERREICH-UNGARN (SISI)

* 1837 in München
† 1898 in Genf

Kaiserin von Österreich, Königin von Ungarn und Böhmen

»Sie wissen nicht, wie ich diese Frau geliebt habe.«

(KAISER FRANZ JOSEPH I.)

Die meist fern der Habsburgermonarchie lebende Kaiserin Elisabeth war zum Zeitpunkt ihres Todes bei ihren Untertanen nicht sonderlich beliebt. Graf Erich Kielmannsegg bemerkte etwa: »Es wurden ihr nur wenige Tränen nachgeweint.« Den Großteil ihres Lebens hatte sich Elisabeth konsequent den in sie gesetzten Rollenerwartungen als Ehefrau, Mutter und Kaiserin verweigert. Ihr tragischer Tod ließ aber die Kritik zunehmend verstummen. Der Mythos der schönen, unverstandenen und einsamen Kaiserin entstand.

Elisabeth Amalie Eugenie, genannt Sisi, kam am 24. Dezember 1837 als drittes Kind des Herzogs Maximilian in Bayern und der bayerischen Königstochter Ludovika in München zur Welt. Sie wuchs fern vom Münchner Hof auf und entwickelte sich dank ihrer unbeschwerten Jugend auf dem väterlichen Landsitz in Possenhofen am Starnberger See bzw. in dem Herzog-Max-Palais in München zu einem freiheitsliebenden und sensiblen Mädchen. Im höfischen Sinn war Elisabeths Erziehung jedoch unzureichend. Statt sich wie vorgesehen in Sisis ältere Schwester Helene zu verlieben, entschied sich Kaiser Franz Joseph I. von Österreich, der damals umschwärmteste Junggeselle Europas, für die fünfzehnjährige Elisabeth und hielt am 18. August 1853 um die Hand seiner Kusine an. Laut Erzherzogin Sophie, der Mutter des Kaisers, ahnte Elisabeth »nichts von dem tiefen Eindruck, den sie auf Franzi gemacht hatte. Bis zu dem Augenblick, als ihre Mutter ihr davon sprach, war sie nur von Scheu und Schüchternheit erfüllt, die ihr die vielen sie umringenden Menschen einflößten.« Im April 1854 fand die prachtvolle Hochzeit in Wien statt.

49

Die junge Wittelsbacherin kam an einen vom steifen spanischen Hofzeremoniell beherrschten Hof. Elisabeth fühlte sich bei ihren repräsentativen Auftritten wie ein Pferd »im Geschirr« vorgeführt. Da der Kaiser von Regierungsgeschäften in Beschlag genommen war, vereinsamte sie und war unglücklich. Im Rückblick erklärte sie: »Die Ehe ist eine widersinnige Einrichtung. Als 15jähriges Kind wird man verkauft und tut einen Schwur, den man nicht versteht und dann 30 Jahre oder länger bereut und nicht mehr lösen kann.« Um aus der in höfischen Belangen unerfahrenen Elisabeth eine würdige Repräsentantin des Habsburgerreiches zu machen, widmete sich ihre Schwiegermutter Erzherzogin Sophie mit Franz Josephs Einverständnis der Erziehung der jungen Kaiserin. In den ersten Ehejahren unterwarf sich Elisabeth den an sie gestellten Forderungen. In rascher Folge wurde sie Mutter und sorgte so für den Fortbestand der Dynastie: Auf die 1855 geborene und bereits im Alter von zwei Jahren verstorbene Tochter Sophie folgte 1856 die Tochter Gisela. 1858 kam der ersehnte Kronprinz Rudolf zur Welt. Kaiserin Elisabeth musste allerdings hinnehmen, dass ihr die Kinder entzogen wurden und unter die Obhut der Erzherzogin Sophie kamen, die so für eine angemessene Erziehung nach den Maßstäben des Wiener Hofes sorgte. Lediglich ihr viertes und letztes Kind, die 1868 geborene Marie Valerie, konnte Elisabeth bei sich behalten. Um dieses Kind kümmerte sie sich mit einer übertrieben anmutenden Mutterliebe, die den älteren Geschwistern wohl vorenthalten blieb.

1860 brach Kaiserin Elisabeth aus ihrem goldenen Käfig aus. Den Anstoß dazu hatten Liebesaffären des Kaisers gegeben, die sie als Verrat empfand. Krankheiten dienten ihr als Vorwand für ausgedehnte Reisen, die einer Flucht vor dem ihr verhassten Wiener Hof glichen. Bis zu ihrem Tod sollte rastloses Reisen ihr weiteres Leben bestimmen. Nur noch selten kehrte sie nach Wien zurück. Ihre Pflichten als Kaiserin und Landesmutter ignorierte sie, verachtete die monarchische Staatsform als nicht mehr zeitgemäß und lebte nur für ihre »Selbstverwirklichung«.

Als sie 1862 nach fast zweijähriger Abwesenheit wieder zu ihrer Familie nach Wien kam, hatte sich die Kaiserin verwandelt: aus der unsicheren jungen Frau war eine selbstbewusste Schönheit geworden, die von ihrem Ehemann fordern konnte, was sie wollte. Am 27. August 1865 setzte sie in einem Ultimatum durch, dass sie über die Erziehung der Kinder zu bestimmen habe. Sie beendete damit die streng militärische Erziehung ihres

Sohnes Rudolf und erreichte, dass er eine bürgerlich-liberale Erziehung bis zur Großjährigkeit erhielt. Für sich selbst verlangte sie: »Ferner wünsche ich, dass, was immer meine persönlichen Angelegenheiten betrifft, (…) mir allein zu bestimmen vorbehalten bleibt.«

In die sechziger Jahre fällt auch das politische Engagement der Kaiserin für den Ausgleich mit Ungarn. Sie förderte die weitgehende Unabhängigkeit Ungarns. Das Kaisertum Österreich wurde in die österreichisch-ungarische Doppelmonarchie umgewandelt. Am 8. Juni 1867 wurde das Kaiserpaar mit der ungarischen Königskrone gekrönt. Das dem Königspaar vom ungarischen Volk geschenkte Schloss Gödöllő wurde für Elisabeth ein beliebter Zufluchtsort.

»Basis« ihrer Macht war ihre Schönheit. In den sechziger Jahren galt Elisabeth als eine der schönsten Frauen ihrer Zeit. Die Kaiserin war sich sehr wohl bewusst, welche Macht ihr diese Schönheit verlieh. In späteren Jahren weigerte sie sich, Malern Modell zu sitzen oder sich fotografieren zu lassen, um ihren Ruhm als außerordentliche Schönheit bewahren zu können. Aus diesem Grund betrieb sie einen wahren Schönheitskult. Sie lebte ganz ihrer Schönheit und Gesundheit. Strenge Diäten, tägliche Turnübungen und stundenlange Gewaltmärsche sollten ihre Figur in Form halten. In den siebziger Jahren genoss Elisabeth außerdem den Ruf als eine der besten Jagdreiterinnen der Welt. Besonders stolz war Elisabeth auf ihr prachtvolles Haar, das in kunstreichen Flechtfrisuren hochgesteckt wurde. Als »Sklavin« ihrer Haare nutzte sie die langen Frisierstunden, um Ungarisch sowie Neu- und Altgriechisch zu lernen. Sie erweiterte ihre Literaturkenntnisse und wurde zu einer großen Verehrerin Heinrich Heines, in dessen stilistischer Nachfolge sie ihre stark biografisch geprägten Gedichte schrieb. Es entstand ihr »Poetisches Tagebuch«. Als leidenschaftliche Verehrerin der griechischen Kultur ließ sie sich auf Korfu das Schloss Achilleion erbauen, an dem sie allerdings nach dessen Fertigstellung 1892 das Interesse weitgehend verlor.

Der Selbstmord ihres Sohnes Rudolf im Januar 1889 überschattete Kaiserin Elisabeths restliches Leben. Sie trug fast nur noch schwarze Kleidung. Schwermut und Weltverachtung steigerten sich bis zu Selbstmordgedanken. Ihre Unrast schlug sich in einer Intensivierung ihrer Reiseaktivitäten nieder. Bei einem Aufenthalt in Genf wurde sie am 10. September 1898 auf dem Weg vom Hotel Beau Rivage zu einem Dampfer von dem italienischen Anarchisten Luigi Lucheni mit einer Feile ermordet. Wie immer hatte sie auf Sicherheitsbeamte als Begleiter verzichtet, obwohl sie sich der Gefahr von Attentaten bewusst war.

BERTHA VON SUTTNER

* 1843 in Prag
† 1914 in Wien

Schriftstellerin, Pazifistin und Nobelpreisträgerin

> *»Ich bin entzückt zu sehen, dass die Friedensbewegung an*
> *Boden gewinnt, dank der Bildung der Massen und dank*
> *besonders der Kämpfer gegen Vorurteil und Finsternis, unter*
> *denen Sie einen hohen Rang einnehmen.*
> *Das sind Ihre Adelstitel.«*
>
> (ALFRED NOBEL)

Am 9. Juni 1843 wurde Bertha von Suttner in Prag als Bertha Sophia Felicita Gräfin Kinsky von Chinic und Tettau geboren. Ihr Vater, Feldmarschalleutnant und Kämmerer Franz Joseph Graf Kinsky, war kurz vor ihrer Geburt im Alter von 75 Jahren verstorben. Ihre Mutter, Sophie von Körner, galt als nicht standesgemäße Partie für ein Mitglied des böhmischen Hochadels und wurde von der Familie Kinsky nicht als Familienmitglied akzeptiert. In ihrer Kindheit und Jugend lernte die Komtesse Bertha Kinsky mehrere Sprachen fließend zu sprechen und beschäftigte sich mit Musik und Literatur.

Nachdem das väterliche Vermögen durch die Spielleidenschaft der Mutter größtenteils aufgebraucht und alle Heiratsprojekte gescheitert waren, trat die 30-jährige Bertha 1873 in Wien eine Stellung als Gouvernante und Gesellschafterin der vier Töchter des Industriellen Karl von Suttner an. Als sie sich in den jüngsten Sohn des Hauses, Arthur Gundaccar, verliebte, musste sie 1875 gehen. Sie fand bei dem schwedischen Industriemagnaten Alfred Nobel in Paris eine Stelle als Privatsekretärin. Nach knapp zwei Wochen kündigte jedoch Bertha ihre Stelle und verkaufte ein Diamantkreuz aus dem Erbe ihres Paten, um sich davon eine Zugfahrkarte nach Wien kaufen zu können. »Ich handelte wie im Traum, wie unter unwiderstehlichem Zwang. Dass es Torheit sei, dass ich vielleicht von einem Glück davon und einem Unglück in die Arme renne, das blitzte mir wohl durch das Bewusstsein, aber ich konnte, konnte nicht anders (…).« Am

12. Juni 1876 heiratete sie den sieben Jahre jüngeren Arthur von Suttner heimlich in einer Wiener Vorstadtkirche. Da die Ehe gegen den Willen der Eltern des Bräutigams geschlossen wurde, wurde Arthur von Suttner daraufhin von diesen enterbt.

Auf Einladung der Fürstin Ekatarina Dadiani von Mingrelien zog das frischgebackene Ehepaar 1876 in den Kaukasus nach Georgien, wo es neun Jahre unter schwierigsten finanziellen Umständen blieb. Seinen Lebensunterhalt verdiente es mit Klavier- und Gesangstunden, Sprachunterricht sowie dem Schreiben von Zeitungsartikeln. Bertha von Suttner erinnerte sich später: »Wir hatten trotzig verkündet, dass wir uns selber durchschlagen würden, und das mussten wir nun auch tun.« Um nicht an den Vorbehalten gegen Frauen zu scheitern, verfasste Bertha von Suttner ihre Zeitungsbeiträge unter dem geschlechtsneutralen Pseudonym B. Oulet. Außerdem begann sie Unterhaltungsromane zu schreiben. Dank ihrer größeren Energie, ihres starken Willens und auch ihrer besseren Bildung war Bertha die Dominierende in der Ehe. Im Mai 1885 kehrte das Ehepaar nach Österreich zurück, söhnte sich mit der Familie von Suttner aus und zog mit in das Familienschloss im niederösterreichischen Harmannsdorf ein. In einer in ihren Augen »mittelalterlichen« Umgebung blieben Bertha von Suttner und ihr Mann weiterhin antiklerikal, freisinnig und fortschrittlich-liberal eingestellt. Auch nach der Rückkehr schrieb Bertha von Suttner weiter, denn ihre schriftstellerische Arbeit war weiterhin als Einnahmequelle unentbehrlich.

Während des Winteraufenthaltes 1886/87 in Paris traf Bertha von Suttner den ihr freundschaftlich verbundenen Alfred Nobel wieder. Erstmals erfuhr sie dort von der Existenz einer organisierten Friedensbewegung, der »International Arbitration and Peace Association«, die von dem Briten Hodgson Pratt gegründet worden war. 1888 veröffentlichte Bertha von Suttner den utopischen Vorlesungszyklus »Das Maschinenzeitalter« anonym. Mit dieser Schrift gegen den Nationalismus begann ihr Friedensengagement. Ein Jahr später erschien ihr Antikriegsroman »Die Waffen nieder!«. Das Buch war so erfolgreich, dass es jahrelang neuaufgelegt und in verschiedene Sprachen übersetzt wurde. Dieser Roman verhalf seiner Autorin zu großer Popularität in der pazifistischen Bewegung. Er wurde ihr größter literarischer Erfolg und gehörte zu den größten Bucherfolgen des 19. Jahrhunderts. Allerdings wurde von Suttner auch als »Friedensbertha« verhöhnt.

Am 3. September 1891 kündigte sie in einem Artikel der »Neuen Freien Presse« die Gründung einer »Österreichischen Gesellschaft der Friedensfreunde« an. Der Erfolg dieses Aufrufs überwältigte sie. Sie wurde sogleich zur ersten Präsidentin ernannt, was sie bis zu ihrem Tod blieb. Aus ihrem literarischen Pazifismus war ein politisch-aktiver Pazifismus geworden. Sie hatte ihre Lebensaufgabe gefunden. »Was ich da angestellt habe am 3. September, das ist ganz unberechenbar; in ganz Europa wurde der Aufsatz nachgedruckt und kommentiert.« Im November 1891 wurde sie auf dem dritten Weltfriedenskongress in Rom zur Vizepräsidentin des Internationalen Friedensbüros gewählt. Im Jahr darauf gründete sie die »Deutsche Friedensgesellschaft«. In den kommenden Jahren nahm sie an mehreren internationalen Friedenskongressen teil. Wegen ihrer Prominenz fungierte sie als Herausgeberin der ab 1892 erscheinenden Zeitschrift »Die Waffen nieder! Monatschrift zur Förderung der Friedens-Idee«. Es gelang ihr, viele Prominente als Mitarbeiter, so etwa Leo von Tolstoi und Peter Rosegger, zu werben. Auch in ihren weiteren Veröffentlichungen setzte sie sich für den Pazifismus ein. Weitere wichtige Themen waren für sie der Kampf gegen den Antisemitismus und die Benachteiligung der Frauen. 1899 beteiligte sie sich an den Vorbereitungen zur Ersten Haager Friedenskonferenz in Den Haag, auf der Regierungsvertreter Fragen der nationalen und internationalen Sicherheit, der Abrüstung und der Einrichtung eines internationalen Schiedsgerichts diskutierten. Bertha von Suttner war als einzige Frau und Nichtregierungsvertreterin an der Konferenz beteiligt, deren Ergebnisse jedoch hinter den Erwartungen der Initiatoren zurückblieben.

Nach dem Tod ihres Mannes im Dezember 1902 musste der Gutshof in Harmannsdorf wegen Überschuldung versteigert werden. Bertha von Suttner zog wieder nach Wien. In ihren literarischen Beiträgen zeigte sie sich weiterhin als Anhängerin der darwinistischen Evolutionslehre und eines ungebrochenen liberalen Fortschrittsglaubens. Am 10. Dezember 1905 erhielt sie als erste Frau den von ihr angeregten Friedensnobelpreis zugesprochen, den sie im April 1906 persönlich in Oslo entgegennahm. 1909 veröffentlichte sie ihre Memoiren. In ihrem zwei Jahre später erschienenen Tendenzroman »Der Menschen Hochgedanken« wurde zum ersten Mal das im Radium liegende atomare Vernichtungspotential thematisiert. 1913 wurde ihr Roman »Die Waffen nieder!« verfilmt.

Wenige Wochen vor Ausbruch des Ersten Weltkrieges erlag Bertha von Suttner am 21. Juni 1914 in Wien einem Krebsleiden. Es blieb ihr erspart, erleben zu müssen, wie ihre Prophezeiung, dass der nächste Krieg von einer Furchtbarkeit sein würde »wie noch keiner seiner Vorgänger«, traurige Realität wurde.

Marie Curie

* 1867 in Warschau
† 1934 in Sancellemoz

Chemikerin, Physikerin und
Nobelpreisträgerin

> *»Madame Curie ist unter allen berühmten Menschen
> der einzige, den der Ruhm nicht verdorben hat.«*
>
> (Albert Einstein)

Die Chemikerin und Physikerin Marie Curie legte die Grundlagen für die moderne Kernphysik und begründete die Radiochemie. Für den erfolgreichen Nachweis von Radioaktivität und Strahlungsphänomenen bekam sie 1903 zusammen mit ihrem Ehemann Pierre Curie und mit Antoine Henri Becquerel den Nobelpreis für Physik. Acht Jahre später wurde sie für die Entdeckung der Elemente Radium und Polonium mit dem Nobelpreis für Chemie geehrt. Als erste Frau überhaupt wurde sie mit dem Nobelpreis ausgezeichnet, und als bisher einziger Forscherin wurde ihr dieser hochbedeutende Preis ein zweites Mal zuerkannt.

Geboren wurde diese »Ausnahmefrau« am 7. November 1867 als Marya Salomea Skłodowska in Warschau. Sie war das letzte von fünf Kindern eines Lehrerehepaars und wuchs in wirtschaftlich angespannten Verhältnissen auf. Ihr Vater Władysław Skłodowski war Mathematik- und Physiklehrer an einem Warschauer Gymnasium. Ihre Mutter Bronisława Boguska, die früher eine Mädchenschule geleitet hatte, litt an Tuberkulose und lehnte aus Angst vor Ansteckung jeden körperlichen Kontakt mit ihren Kindern ab. Ihre jüngste Tochter Marya litt sehr darunter und sollte zeitlebens scheu und zurückhaltend bleiben. 1878 verstarb die Mutter. Marya, die ein ungewöhnlich intelligentes Kind war und bereits mit vier Jahren fließend lesen konnte, verließ 1883 das Lyzeum mit Auszeichnung. Ein Universitätsstudium war in Polen für Mädchen jedoch nicht möglich, weshalb Marya Skłodowska und ihre ältere Schwester Bronia eine Absprache trafen, um für sie beide das nötige Geld für ein Studium im Ausland aufbringen zu können. Zunächst arbeitete

Marya als Gouvernante und finanzierte damit Bronias Medizin-
studium in Paris. Im Herbst 1891 folgte sie ihrer Schwester nach
Frankreich, die sie nun ihrerseits bei ihrem Studium der Mathematik und der Physik an der Pariser Sorbonne finanziell unterstützte. 1893/94 schloss Marya Skłodowska in beiden Fächern
mit Auszeichnung ab und wurde Doktorandin des Physikprofessors Antoine Henri Becquerel.

Im Juli 1895 heiratete sie den acht Jahre älteren Physiker
Pierre Curie, mit dem sie gemeinsam in einem primitiven La-
boratorium unter äußerst unzulänglichen Umständen arbeitete und forschte. Im Grunde veränderte sich durch die Heirat
nichts an ihrem isolierten, spartanisch-kargen und disziplinier-
ten Leben. Als Becquerel die Strahlung des Elements Uranium
entdeckte, glaubte Marie Curie, dass diese Strahlung auch in
anderen Elementen nachzuweisen sein müsste. Sie arbeitete ab
1896 mit ihrem Mann daran. Durch die Isolierung der bisher
unbekannten Elemente Radium und Polonium entdeckten sie,
dass die Strahlung radioaktiv war. Auch die Radioaktivität von
Thorium konnten sie 1898 nach mehreren Versuchen eruieren.

1897 kam Tochter Irène auf die Welt. Die zweite Tochter Ève
folgte 1904. Beide Töchter wurden von Marie Curie zu größt-
möglicher Selbständigkeit erzogen. Irène Curie erinnerte sich
später: »Ich stand sehr unter dem Einfluss meiner Mutter, die
ich liebte und zutiefst bewunderte, und während meiner ganzen Kindheit habe ich mir nicht vorstellen können, dass sie eine
menschliche Schwäche haben könnte.«

Ab 1900 unterrichtete Marie Curie Physik und Chemie an der
École Normale Supérieure für Mädchen in Sèvres, wo sie ex-
perimentelle Demonstrationen als didaktisches Element in den
Unterricht einführte. Drei Jahre später promovierte sie in Physik
über radioaktive Substanzen.

Zusammen mit ihrem Ehemann und Becquerel wurde sie
im Dezember 1903 mit dem Nobelpreis für Physik »für die Entdeckung und Pionierleistungen auf dem Gebiet der spontanen
Radioaktivität und der Strahlungsphänomene« geehrt. Der sich
an die Preisverleihung anschließende Medienzirkus missfiel ihr
allerdings zutiefst: »Wir sind von Briefen und Besuchen, von
Fotografen und Journalisten überschwemmt. Man möchte sich
unter die Erde verkriechen, um Ruhe zu haben.« Das Forscher-
ehepaar nahm aus gesundheitlichen Gründen nicht an den Feierlichkeiten zur Preisverleihung in Stockholm teil.

Einen tiefen Einschnitt in Marie Curies Leben bedeutete der

Unfalltod ihres Mannes im April 1906. Lange Zeit konnte sie über den Verlust nicht sprechen. Bereits im Mai setzte sie die Vorlesungstätigkeit ihres Mannes fort, der 1904 einen Lehrstuhl für Physik an der Sorbonne bekommen hatte. Sie war damit die erste Frau, die an der Pariser Universität als außerordentliche Professorin lehrte. Zwei Jahre später erhielt sie eine ordentliche Professur für Physik. 1911 wurde ihr der Nobelpreis für Chemie für »die Entdeckung der Elemente Radium und Polonium, die Charakterisierung des Radiums und dessen Isolierung im metallischen Zustand und die Untersuchung über die Natur und die chemischen Verbindungen dieses Elements« zugesprochen. Dieses Mal kam die Forscherin in Begleitung ihrer ältesten Tochter zur Preisverleihung nach Stockholm.

Während des Ersten Weltkriegs entwickelte sie mit ihrer Tochter Irène eine ambulante Röntgenstation, die an der Front zur Untersuchung verletzter Soldaten eingesetzt werden konnte. Marie Curie bildete nicht nur das Röntgenpersonal dafür aus, sondern steuerte auch selbst einen solchen Röntgenwagen an der Front, was ihr große Popularität in der französischen Bevölkerung verschaffte. Von 1918 bis 1927 arbeitete sie zusammen mit ihrer ältesten Tochter am Radium-Institut in Paris, das sie seit 1914 leitete. Das Institut wurde im Laufe der Zeit zu einem Zentrum der Nuklearphysik. In Begleitung ihrer beiden Töchter bereiste Marie Curie 1920/21 die Vereinigten Staaten, wo ihr Präsident Woodrow T. Wilson ein Gramm Radium als symbolische Anerkennung für ihre Forschungsarbeit übergab. Der Kauf des Radiums, das die Fortsetzung ihrer Forschungsarbeit ermöglichte, wurde durch Spenden amerikanischer Frauen finanziert.

Kurz danach wurde sie als erste Frau in die Pariser Académie de Médecine aufgenommen und begann radioaktive Substanzen auf ihre Nutzungsmöglichkeiten für die Medizin zu untersuchen. 1922 wurde sie Mitglied der »Internationalen Kommission für geistige Zusammenarbeit« des Völkerbundes.

Am 4. Juli 1934 verstarb Marie Curie, um deren Gesundheit es schon längere Zeit schlecht bestellt war, in einem Sanatorium im schweizerischen Sancellemoz an Leukämie. Verursacht wurde diese Krankheit wahrscheinlich durch die Überdosen radioaktiver Strahlung, der sie sich nur unzureichend geschützt fortwährend bei ihrer Arbeit ausgesetzt hatte. Ein Jahr nach Marie Curies Tod erhielt ihre Tochter Irène gemeinsam mit ihrem Ehemann Frédéric Joliot den Nobelpreis für Chemie.

GERTRUDE BELL

* 1868 in Washington Hall/County Durham
† 1926 in Bagdad

Forschungsreisende, Archäologin,
Geheimdienstexpertin und politische
Beraterin

>*Sie ist eine außergewöhnliche Frau mit dem Gehirn
eines Mannes.*«

(CHARLES HARDINGE)

»Wenn man zum erstenmal in den Mittleren Osten kommt,
gibt es einen Augenblick, in dem man spürt, wie die Welt an einem Ende kleiner und am anderen größer wird, bis sich schließlich die ganze Perspektive ändert. Die eigene Existenz wird
plötzlich zu einer ganz einfachen Sache, und man fragt sich,
warum wir soviel nachdenken und immerzu Pläne machen«,
schrieb Gertrude Bell 1909 über ihre Expedition nach Mesopotamien. Die Britin war seit ihrer ersten Begegnung mit der arabischen Welt von dieser fasziniert. Mehrere Forschungsreisen
hatten sie zu einer intimen Kennerin des Nahen Ostens werden
lassen. Während und nach dem Ersten Weltkrieg spielte sie deshalb bei der Neuordnung des arabischen Raumes eine wichtige
Rolle und wirkte maßgeblich an der Gründung des neuen Staates Irak mit. Die stets modisch elegant gekleidete Bell agierte dabei selbstbewusst in einer Welt, die damals eine rein männliche
Domäne war.

Gertrude Margaret Lowthian Bell entstammte einer briti-
schen Industriellenfamilie. Ihr Vater war der Stahlmagnat Sir
Thomas Hugh Bell, ihre Mutter die Kaufmannstochter Mary
Shield. Die am 14. Juli 1868 auf dem Familiensitz Washington
Hall geborene Gertrude verlor im Alter von drei Jahren ihre
Mutter. Zu der zweiten Ehefrau ihres Vaters, der Schriftstellerin
Florence Olliffe, entwickelte sie jedoch ein enges Verhältnis.

Nach dem Besuch des Queens College in London durfte die
hochbegabte Schülerin ab 1886 mit elterlicher Genehmigung in
Oxford studieren. Sie schloss ihr Studium der Neuen Geschichte 1888 als erste Frau mit der höchsten Auszeichnung ab. Ein

akademischer Grad blieb ihr als Frau aber vorenthalten. Da sich kein passender Ehemann für die selbstbewusste junge Dame fand, weil sie die meisten in Frage kommenden Herren an Bildung übertraf, zeichnete sich für Gertrude Bell die unerfreuliche Zukunft einer »alten Jungfer« ab. Sie war sich der problematischen Stellung einer unverheirateten Frau in der damaligen Gesellschaft sehr wohl bewusst. Zeitlebens litt sie darunter keinen Ehemann und Kinder zu haben.

Im Frühjahr 1893 reiste sie für einen mehrmonatigen Aufenthalt nach Teheran, wo der Schwager ihrer Stiefmutter am Hof des Schahs als britischer Botschafter akkreditiert war. Gertrude Bell, die vorher Persisch gelernt hatte, war von Land und Leuten fasziniert. Sie verliebte sich in Henry Cadogan, einen Mitarbeiter der britischen Botschaft. Ihre Eltern lehnten aber Cadogans Heiratsantrag, obwohl er dem englischen Adel angehörte, ab, da er als junger Diplomat nur über sein Gehalt verfügte, weil sein Vater bankrott war. Außerdem stand er in dem Ruf eines Spielers und hatte hohe Schulden. Gertrude Bell fügte sich in der Hoffnung, dass Henry Cadogan rasch Karriere im diplomatischen Dienst machen würde und ihr bald den Lebensstil würde bieten können, den ihr Vater für unerlässlich hielt. Sie verarbeitete ihre Reiseeindrücke in dem 1894 erschienenen Buch »Persian Pictures« und begann mit der Übersetzung der Gedichte des persischen Dichters Hafiz. Neun Monate nach ihrer Rückkehr nach London erhielt sie die Nachricht, dass Henry Cadogan an den Folgen einer Lungenentzündung verstorben war. Einige Jahre später verliebte sie sich unglücklich in Richard Doughty-Wylie. Der gebildete Offizier und Diplomat war jedoch verheiratet und fiel zu Beginn des Ersten Weltkriegs.

Zunächst beschäftigte Gertrude Bell sich mit Reisen durch Europa und erlernte dabei mehrere Sprachen. Sie entdeckte ihre Liebe zum Bergsteigen und wurde eine kühne Alpinistin, die Viertausender bestieg und Erstbesteigungen wagte. 1899 besuchte sie den deutschen Generalkonsul und Orientalisten Dr. Friedrich Rosen und seine Frau in Jerusalem. Während dieses Aufenthaltes vertiefte sie ihre Arabischkenntnisse und besuchte Regionen, die noch keine Europäerin vor ihr betreten hatte. Sie bemühte sich dabei um Kontakte zu den jeweiligen Scheichs und Stammesführern, wobei ihr zustatten kam, dass sie wegen ihrer ausgezeichneten Sprachkenntnisse nur selten auf einen Dolmetscher angewiesen war. »Es ist manchmal ein komisches Gefühl, ganz allein draußen in der Welt zu sein, aber meistens betrachte ich es jetzt, wo ich mich daran gewöhnt habe, als eine Selbstverständlichkeit«, schrieb sie. Mit ihrem mutigen Vorgehen erlangte sie bald einen hohen Bekanntheitsgrad unter den Stämmen der von ihr bereisten Regionen. Sie wurde als »Mann ehrenhalber« behandelt und bekam den Ehrentitel »Tochter der Wüste« verliehen. Überzeugt davon, dass man »vom Orient nicht mehr lassen kann, wenn man schon so weit vorgedrungen ist,« kehrte sie nach Großbritannien zurück. Sie beschäftigte sich intensiv mit der Archäologie und unternahm in den kommenden Jahren mehrere archäologische Expeditionen in den Nahen Osten, bei denen sie in noch unerforschte Gebiete vorstieß. Ihre Publikationen über diese Reisen, wie etwa das 1906 erschienene Buch »The Desert and the Sown« (Am Ende des Lavastroms. Durch die Wüsten und Kulturstätten Syriens), wurden große Erfolge. Als aufmerksame Beobachterin prophezeite sie, dass in den nächsten Jahren das Osmanische Reich auch in Asien zusammenbrechen und selbständige arabische Staaten entstehen würden.

Als der Erste Weltkrieg ausbrach, war Gertrude Bell dank ihrer hervorragenden Kenntnisse des Nahen Ostens für die britische Regierung eine wichtige Informationsquelle. Sie hielt eine arabische Revolte gegen die mit dem deutschen Kaiserreich verbündeten Türken für möglich. Im November 1915 wurde sie inoffizielle Mitarbeiterin beim britischen militärischen Geheimdienst in Kairo. Trotz der Vorbehalte der Militärs gelang es ihr offiziell zum Verbindungsoffizier mit dem Rang eines Majors aufzusteigen. Sie war damals der einzige weibliche politische Offizier in den britischen Streitkräften. Sie arbeitete in Basra, später in Bagdad als »Oriental Secretary«. In Anerkennung ihrer Verdienste wurde ihr im Oktober 1917 die Auszeichnung eines »Commander of the British Empire« verliehen. Ihre Informationen trugen wesentlich zum Gelingen des arabischen Aufstandes 1917 und 1918 bei. Wegen ihrer genauen Landeskenntnisse wurde ihr die Überprüfung der Grenzziehung des zukünftigen Staates Irak übertragen. »Ich fühle mich manchmal wie der Schöpfer in der Mitte der Woche. Genau wie ich muss er sich gefragt haben, wie letzten Endes wohl alles aussehen werde,« schrieb sie stolz.

Da Mesopotamien ihr zur zweiten Heimat geworden war, blieb sie nach dem Kriegsende in Bagdad. Als Verbindungsglied zwischen dem britischen Hochkommissariat und den lokalen Mächten wurde 1921 auf ihren Vorschlag hin Feisal Ibn

Hussein erster König des Irak, dessen enge Beraterin sie wurde. Außerdem arbeitete sie wieder als Archäologin und gründete in Bagdad das Museum für Altertümer. Am 12. Juli 1926 beging Gertrude Bell, die in ihren letzten Lebensjahren unter schweren Depressionen litt, mittels einer Überdosis Schlafmittel in Bagdad Selbstmord.

Rosa Luxemburg

* 1871 in Zamość
† 1919 in Berlin

Politikerin und Publizistin

> »Mein innerstes Ich gehört mehr meinen Kohlmeisen
> als den ‚Genossen'.«
>
> (Rosa Luxemburg)

Rosa Luxemburg gehört als politische Autorin zu den wichtigen marxistischen Theoretikern, was ihr selbst um 1899 deutlich bewusst wurde: »Ich habe das Bedürfnis, so zu schreiben, dass es auf die Menschen wie ein Blitzschlag wirkt, dass es sie mitreißt, nicht mit Deklamation, sondern durch die Weite des Blicks, die Macht der Überzeugung und die Kraft der Vorstellung.«

Die am 5. März 1871 in Zamość in Russisch-Polen geborene Rozalia Luksenburg entstammte einer in bescheidenem Wohlstand lebenden jüdischen Familie. Ihre Eltern waren der Holzhändler Eliasz Luksenburg und seine Ehefrau Line Löwenstein. Seit 1884 besuchte die begabte Rosa das Zweite Warschauer Mädchengymnasium, eine der besten Schulen in Polen. Bereits als Schülerin wurde sie in illegalen politischen Zirkeln der verbotenen polnischen Linkspartei aktiv. Als eine Verhaftung drohte, floh sie 1889 in die Schweiz. An der Züricher Universität studierte sie zunächst Naturwissenschaften und Mathematik. Zeitlebens gehörte der Botanik und Zoologie ihre besondere Vorliebe. Um ihr Studium ihren politischen Ambitionen anzupassen, entschloss sich Rosa Luxemburg dazu, Öffentliches Recht, Staatswissenschaften, Geschichte und Philosophie zu belegen. Von Anfang an engagierte sie sich in den örtlichen Arbeiter- und Emigrantengruppen, wo sie den aus Wilna stammenden Revolutionär Leo Jogiches kennen lernte, der aus einer ähnlich assimilierten jüdischen Familie wie sie selbst stammte. Sehr bald schon wurden sie ein Liebespaar. Diese Beziehung scheiterte aber letztendlich ebenso wie die späteren zu Kostja Zetkin und Paul Levi.

1893 unterbrach Rosa Luxemburg ihr Studium, um sich an der polnischen Zeitung »Sprawa Robotnicza« (Sache der Arbei-

ter) in Paris und an der Gründung einer neuen Partei, der »Soc-
jaldemokracja Królestwa Polskiego« (Sozialdemokratie des Kö-
nigsreiches Polen), zu beteiligen. Im Frühjahr 1897 promovierte
sie in Zürich über das Thema »Die industrielle Entwicklung
Polens«. Um die deutsche Staatsbürgerschaft und damit die
Möglichkeit zur Mitarbeit in der deutschen Arbeiterbewegung
zu erlangen, ging die ehrgeizige Rosa Luxemburg eine Schein-
ehe mit dem deutschen Staatsbürger Gustav Lübeck ein und
übersiedelte im Mai 1898 nach Berlin. Sie schloss sich sofort der
Sozialdemokratischen Partei Deutschlands (SPD) an, die als die
fortgeschrittenste sozialistische Partei Europas galt. Sie wusste,
dass sie in Deutschland Karriere machen konnte, obwohl sie
sich dort nicht sehr wohlfühlte, denn »alles und alle sind mir
fremd«.

Rosa Luxemburg, die bald wegen ihrer scharfzüngigen Reden und analytischen Fähigkeiten die Wortführerin des linken
Parteiflügels wurde, beteiligte sich 1899 mit der Broschüre »So-
zialreform oder Revolution?« an der sogenannten Revisionis-
musdebatte. Sie verteidigte darin den revolutionären Stand-
punkt und forderte den Ausschluss der »Reformisten« aus der
SPD. Mit dieser Schrift gelang es ihr, sich einen guten Namen
als Theoretikerin des Marxismus zu machen. In Zeitungsartikeln setzte sie sich außerdem mit wirtschaftlichen und sozial-
politischen Problemen vor allem in Polen und Russland auseinander. Bereits früh warnte sie vor einem bevorstehenden Krieg
der europäischen Großmächte, und immer wieder griff sie den
deutschen Militarismus und Imperialismus an. Im Januar 1904
wurde sie wegen Majestätsbeleidigung zu drei Monaten Gefängnis verurteilt. Nachdem sie an der russischen Revolution in
Warschau teilgenommen hatte, verhaftet und gegen Kaution im
Juni 1906 freigelassen worden war, kehrte sie nach Berlin zurück. Im Dezember 1906 folgte ihre nächste Verurteilung in Wei-
mar »wegen Anreizung zum Klassenhass«, die ihr zwei Monate
Haft einbrachte. Im Mai 1907 nahm sie am V. Parteitag der Sozialdemokratischen Arbeiterpartei Russlands in London teil, wo
sie Lenin kennen lernte. Im Oktober desselben Jahres begann
ihre Lehrtätigkeit für Marxismus und Ökonomie an der SPD-
Parteischule in Berlin. Ihr Hauptwerk »Die Akkumulation des
Kapitals«, worin sie ihre Imperialismustheorie entwickelte, erschien 1913. Wegen ihres Aufrufs zur Verweigerung des Kriegs-
dienstes wurde sie im Februar 1914 angeklagt und zu einem
Jahr Gefängnis verurteilt. Als sie Ende Juli 1914 an der Sitzung

des Internationalen Sozialistischen Büros teilnahm, musste sie feststellen, dass auch innerhalb der sozialistischen Parteien der Nationalismus stärker war als die internationale Solidarität. Wegen ihrer bedingungslos pazifistischen Haltung und ihrer Ablehnung der von der Reichstagsfraktion der SPD beschlossenen Kriegskredite bei Ausbruch des Ersten Weltkriegs schloss sie sich mit sechs anderen Parteilinken Anfang 1915 zur »Gruppe Internationale« zusammen, aus der 1916 die »Spartakusgruppe« hervorging.

Im Februar 1915 kam sie wegen des Gerichtsurteils des vergangenen Jahres in das Berliner Frauengefängnis. Nach der Entlassung begann im Juli 1916 die »Sicherheitsverwahrung«, die bis November 1918 dauerte. Während der Haft führte sie ihre Propagandaarbeit weiter. Über die Ereignisse in Russland verfasste Rosa Luxemburg den aber erst 1922 veröffentlichten Aufsatz »Zur russischen Revolution«. Sie begrüßte darin Lenins Oktoberrevolution, warnte aber gleichzeitig vor einer Diktatur der Bolschewiki. In diesem Zusammenhang schrieb sie die oft zitierten Sätze: »Freiheit nur für die Anhänger der Regierung, nur für Mitglieder einer Partei – mögen sie noch so zahlreich sein – ist keine Freiheit. Freiheit ist immer Freiheit des Andersdenkenden. Nicht wegen des Fanatismus der ‚Gerechtigkeit‘, sondern weil all das Belebende, Heilsame und Reinigende der politischen Freiheit an diesem Wesen hängt und seine Wirkung versagt, wenn die ‚Freiheit‘ zum Privilegium wird.« Nach ihrer Haftentlassung am 9. November 1918 kehrte Rosa Luxemburg nach Berlin zurück und arbeitete als Redakteurin bei der »Roten Fahne«, der Zeitung des Spartakusbunds. Um die Jahreswende 1918/19 beteiligte sie sich an der Gründung der Kommunistischen Partei Deutschlands (KPD), deren erstes Programm sie hauptsächlich verfasste. Mit ihrer Forderung, sich an den kommenden Wahlen zur Nationalversammlung zu beteiligen, konnte sie sich nicht durchsetzen. Trotz der Mordaufrufe gegen sie und Karl Liebknecht als den Protagonisten der Spartakusbewegung blieb sie während der Januarunruhen in Berlin. Der »Spartakusaufstand« wurde von der Reichswehr blutig niedergeschlagen. Am 15. Januar wurden Rosa Luxemburg und Karl Liebknecht in ihrem Unterschlupf entdeckt und verhaftet. Im Eden-Hotel, dem Stabsquartier der Garde-Kavallerie-Schützendivision, wurden sie verhört und misshandelt. Wahrscheinlich wurde Rosa Luxemburg beim Abtransport ermordet. Ihr Leichnam wurde in den Berliner Landwehrkanal geworfen und erst in der Nacht zum 1. Juni 1919 gefunden. Sie hatte es stets als höchste Ehre für einen Sozialisten betrachtet, im Kampf zu sterben. Die Prozesse gegen ihre Mörder wurden verschleppt und schließlich eingestellt.

ZITKALA-ŠA

* 1876 auf der Yankton Sioux Reservation (South Dakota, USA)

† 1938 in Washington D. C. (USA)

Schriftstellerin, Komponistin und politische Aktivistin

> *»Weder eine wilde noch eine gezähmte Indianerin«*
>
> (ZITKALA-ŠA)

Gertrude Simmons Bonnin, die unter ihrem Künstlernamen Zitkala-Ša, was übersetzt »Roter Vogel" bedeutet, bekannter ist, wurde am 22. Februar 1876 auf der Yankton Sioux Reservation als Kind von Ellen Tate Iyohinwin Simmons, einer Nakota, und einem Weißen namens Felker geboren. Über den Vater ist weiter nichts bekannt. Er verschwand noch vor der Geburt der Tochter. Ihren bürgerlichen Namen Gertrude Simmons benutzte sie später nur bei Rechtsangelegenheiten und in Korrespondenzen der Society for the American Indian (SAI).

Ihre frühe Jugend verlebte sie bei den Nakota Sioux. Entsprechend deren traditioneller Lebensweise wuchs sie in einem Tipi auf und schilderte später ihre Kindheit als eine größtenteils unbeschwerte, glückliche Zeit. 1884 verließ sie die Reservation gegen den Willen ihrer Mutter und ging für drei Jahre auf das White Manual Labor Institute in Wabash (Indiana), einem von Quäkern betriebenen Internat für indianische Kinder. Die dortigen rücksichtslos auf Assimilation an die amerikanische Kultur ausgerichteten Erziehungsmethoden führten bei dem Mädchen wie auch bei den anderen indianischen Kindern und Jugendlichen zu einer inneren Zerrissenheit und einem Kulturschock durch den Zusammenprall unterschiedlicher Kulturen. So erinnerte sie sich bitter an das erzwungene Abschneiden ihrer langen Haare, steht dieses doch in ihrer Kultur symbolisch für Schande oder ist ein Akt der Trauer. Noch während des Frühstücks an ihrem ersten Tag in Wabash wurde ihr gesagt, dass ihr die Lehrer das lange Haar abschneiden würden. Das kleine Mädchen, nicht bereit, sich dieser Forderung zu unterwerfen, lehnte sich dagegen auf und schlich in das obere Stockwerk, um sich dort unter einem Bett zu verstecken. Sie wurde jedoch gefunden: »Ich erinnere mich, dass ich herausgeholt wurde, obwohl ich mich durch wildes Treten und Kratzen wehrte. Ich wurde trotzdem heruntergebracht und auf einem Stuhl festgebunden.« Sie wurde nicht nur geschoren, sondern auch gezwungen ihr fremde Kleidung zu tragen und fremdes Essen zu sich zu nehmen, wie überhaupt auf solchen Internaten alles »Indianische« unter Strafe verboten wurde, wie etwa das Sprechen der eigenen Sprache.

Nach ihrer Rückkehr auf die heimische Reservation fühlte sie sich zunehmend ihrem Stammeserbe entfremdet und stellte mit Unbehagen die Veränderungen und die Assimilation der Indianer an die weiße Gesellschaft fest. 1891 setzte sie ihre euroamerikanisch geprägte Erziehung an der Santee Normal Training School fort und machte ihr High School Diplom. Von 1895 bis 1897 studierte sie am Earlham College in Richmond. Dank eines Stipendiums konnte sie als begabte Violinistin außerdem am Bostoner Konservatorium studieren. Danach lehrte sie für zwei Jahre an der Carlisle Indian Industrial School in Pennsylvania. Diese Schule war 1879 von dem Armeeoffizier Richard Henry Pratt begründet worden. Er leitete die Schule nach dem Grundsatz »Kill the Indian, and Save the Man«, was hieß, dass den »wilden« Indianern zu ihrer Rettung die Zivilisation nahegebracht werden müsse. Die Schüler und Schülerinnen an dieser Einrichtung wurden dabei durch schwere Arbeit ausgebeutet, worüber Zitkala-Ša später kritisch berichtete, was ihr wiederum teilweise als Undankbarkeit ausgelegt wurde.

In ihrer Zeit als Lehrerin begann Zitkala-Ša Kurzgeschichten und autobiografische Skizzen in dem Magazin »Atlantic Monthly« zu veröffentlichen, die zwischen 1900 und 1902 erschienen. 1901 publizierte sie ihre »Old Indian Legends«, die sie bei ihren Heimatbesuchen auf der Yankton Reservation gesammelt hatte. Sie dienten ihr zur Überwindung ihrer eigenen kulturellen Entfremdung: »Ich habe versucht den ursprünglichen Geist dieser Erzählungen mit all ihren Wurzeln in die englische Sprache umzusetzen, da sich ja Amerika in den letzten Jahrhunderten eine neue Sprache zugelegt hat.« Sie war von der Notwendigkeit überzeugt, die im Verschwinden begriffene kulturelle Identität der Indianer durch eine Wiederbelebung mündlicher Traditionen wiederherzustellen. In diesem Zusammenhang ist auch ihre Zusammenarbeit mit dem Komponisten William F. Hanson zu sehen, mit dem sie die 1913 uraufgeführte

Oper »Sun Dance« schrieb. In dem von ihr verfassten Libretto versuchte sie möglichst authentisch indianische Kultur zu vermitteln. Erst 1937 erfuhr diese Oper eine professionelle Inszenierung am Broadway, allerdings ohne ihren Namen an prominenter Stelle zu erwähnen. Es ist bis heute die einzige Oper, die von einer amerikanischen Indianerin geschrieben wurde.

Die autobiografischen Schilderungen ihrer Jugend und ihre anderen Werke, in denen sich einige der historischen Entwicklungen der indianisch-weißen Beziehungen des 19. Jahrhunderts widerspiegeln, weisen ihr eine bedeutende Rolle in der indianischen Literatur zu. Doch Zitkala-Ša spielt auch durch ihr großes Engagement für indigene Rechte eine wichtige Rolle für die indianische Kultur der Vereinigten Staaten. Durch ihre Heirat mit Raymond Talesfase Bonnin – Nakota wie sie und ebenfalls im Dienste des Bureau of Indian Affairs – trat der Kampf für eine Verbesserung der Lage ihres Volkes und für dessen bürgerliche Rechte in den Vordergrund ihres Interesses. 1914 wurde Zitkala-Ša Mitglied im Beratungsausschuss der SAI, die 1911 gegründet worden war. Als sie 1916 nicht nur Geschäftsführerin der SAI, sondern auch Redakteurin von deren Zeitschrift »American Indian Magazine« wurde, zog sie mit ihrem Ehemann und ihrem Sohn Ohiya nach Washington D. C. 1921 gründete sie das »Indian Welfare Committee«. In diesem Jahr wurde ihr bekanntestes Buch »American Indian Stories« veröffentlicht, in dem ihre Rolle sowohl als Aktivistin als auch als Autorin sichtbar wird. In diesen meist autobiografischen Geschichten schilderte Zitkala-Ša ihr Leben bei den Sioux. Der Zauber ihres frühen, behüteten Lebens in der Reservation wurde dabei in Kontrast zu ihren schlechten Erfahrungen mit dem Leben in den Internaten gesetzt. Sie beklagte, dass es »nahezu unmöglich« war, »die eiserne Routine hinter sich zu lassen, nachdem die zivilisatorische Maschine ihr geschäftiges Tagewerk begonnen hatte«. Sie habe es schließlich eher schweigend erduldet, als zu versuchen »an die Ohren jener zu appellieren, die trotz offener Augen nicht meinen Kummer sahen«. Wie ein stumpfes Tier sei sie »schweren Schrittes im täglichen Geschirr getrottet«. 1924 arbeitete sie als Co-Autorin an der Anklageschrift »Oklahoma's Poor Rich Indians; An Orgy of Graft and Exploitation of the Five Civilized Tribes, Legalized Robbery« mit. Nachdem sich die SAI in den 1920er Jahren aufgelöst hatte, begann Zitkala-Ša mit der General Federation of Women's Clubs zusammenzuarbeiten, um deren Unterstützung für die in ihren Augen wichtigen Fragen der

Verbesserung der Erziehung und Gesundheitsfürsorge für die indianische Bevölkerung zu gewinnen. 1930 gründete sie den National Council of American Indians, dem sie als Präsidentin bis zu ihrem Tod vorstand. Nach ihrem Tod am 26. Januar 1938 in Washington wurde sie als Mrs. Bonnin auf dem Arlington National Cemetery beigesetzt, aber nicht etwa, weil die Vereinigten Staaten sie besonders ehren wollten, sondern weil ihr früher verstorbener Ehemann dort als Captain der Armee bereits begraben lag.

Mata Hari

* 1876 in Leeuwarden
† 1917 in Vincennes

Tänzerin und Spionin

> *»Sie nannten mich Mata Hari,*
> *das bedeutet Auge der Morgenröte.«*

(Mata Hari)

Unter dem Künstlernamen Mata Hari wurde die attraktive Holländerin Margaretha Geertruida Zelle vor dem Ersten Weltkrieg als exotische Nackttänzerin bekannt und ging in die Geschichte als bekannteste Spionin aller Zeiten ein. Ihr schillerndes Leben als Femme fatale und ihr tragisch-düsteres Ende vor einem Erschießungskommando bot reichlich Stoff für Romane, Theaterstücke und Filme. Aufgrund der dürftigen Quellenlage blieben viele Einzelheiten aus ihrem Leben bis heute unklar, und der fantasiereichen Spekulation wurde daher Tor und Tür geöffnet, wozu die ideenreiche »Tempeltänzerin« selbst bereits beigetragen hatte.

Margaretha Geertruida Zelle kam am 7. August 1876 als Tochter des Hutmachers Adam Zelle und seiner Ehefrau Antje van der Meulen in Leeuwarden zur Welt. Ihr Vater konnte seiner Familie dank einer erfolgreichen Börsenspekulation einen großzügigen Lebensstil ermöglichen. Als er Anfang 1889 Insolvenz anmelden musste, änderte sich das Leben für die Familie Zelle schlagartig, und die Ehe von Margarethas Eltern zerbrach. Da die Mutter im Mai 1891 an Tuberkulose verstarb und der wenig verantwortungsbewusste Vater in Amsterdam eine neue Ehe einging, kam Margaretha zu Verwandten. Die für sie vorgesehene Ausbildung zur Kindergärtnerin brach sie nach kurzer Zeit ab, da sie keinerlei Neigung zu diesem Beruf verspürte. Über eine Heiratsanzeige lernte sie den zwanzig Jahre älteren niederländischen Kolonialoffizier John Rudolf MacLeod kennen. Am 11. Juli 1895 heiratete das Paar in Amsterdam. Aus der Ehe stammten der 1897 geborene Sohn Norman John und die 1898 geborene Tochter Jeanne Louise.

Seit 1897 lebten die MacLeods zunächst auf Java, später auf

Sumatra, die zu der damaligen Kolonie Niederländisch-Ostindien gehörten. Der Alters- und Persönlichkeitsunterschied des Ehepaars führte bald zu einer zunehmenden Entfremdung. Im Juni 1899 verstarb Sohn Norman an den Folgen einer nie genau geklärten Vergiftung, was eine endgültige Zerrüttung der Ehe der MacLeods bewirkte. Nachdem ihr Ehemann in den Ruhestand versetzt worden war, wollte Margaretha MacLeod wieder nach Europa zurück. Nur wenige Monate nach der Rückkehr nach Amsterdam sprach das dortige Amtsgericht im August 1902 die »Trennung von Tisch und Bett« aus. Die Scheidung erfolgte 1906. Obwohl Margaretha MacLeod die Tochter zugesprochen worden war, verblieb das Kind bei seinem Vater, was der Mutter nur recht war.

Da ihr ehemaliger Ehemann nicht seiner Unterhaltspflicht nachkam, musste Margaretha MacLeod selbst für ihren Lebensunterhalt sorgen. Nachdem ihre ersten Projekte gescheitert waren, entwarf sie einen exotischen Schleiertanz und eine neue Biografie für sich. Sie behauptete, sie wäre eine indische Tempeltänzerin. Ihre blauschwarzen Haare und ihr dunkler Teint verliehen ihren Erzählungen Glaubwürdigkeit. Die vergnügungssüchtige Gesellschaft im Paris der Belle Époque reagierte begeistert auf die angebliche indische Bajadere, die zudem die Kunst der erotischen Entkleidung meisterhaft darzubieten verstand. Welche Sensation ihr erster Auftritt 1905 erregte, wird an einem Artikel des Journalisten Marcel Lami im »Courrier français« deutlich: »Eine große dunkle Gestalt schwebt herein. Kräftig, braun, heißblütig. Ihr dunkler Teint, ihre vollen Lippen und glänzenden Augen zeugen von weit entfernten Landen, von sengender Sonne und tropischem Regen. Sie wiegt sich unter den Schleiern, die sie zugleich verhüllen und enthüllen. (…) Die Hände recken sich und sinken wieder herab, als seien sie erschlafft vor Sonne und Hitze. (…) Der schöne Leib fleht, windet sich und gibt sich hin: es ist gleichsam die Auflösung des Begehrens im Begehren.« Unter dem Künstlernamen Mata Hari begann sie eine Karriere als gefeierte Tänzerin. Neben Auftritten in den exklusivsten Pariser Salons und den großen Varietés folgten 1906 erste erfolgreiche Auslandsengagements. Dank ihrer Berühmtheit lernte sie überall einflussreiche Persönlichkeiten aus Politik und Gesellschaft kennen. Sie ging zahlreiche Beziehungen ein, vor allem mit Offizieren.

Nach ihrer Rückkehr nach Paris Ende 1907 musste Mata Hari feststellen, dass es dort inzwischen zahlreiche Konkurrentinnen gab, die ähnliche Tänze darboten. Es gelang ihr immerhin, an die Mailänder Scala engagiert zu werden, wo sie im Dezember 1911 in Christoph Willibald Glucks Oper »Armide« und im Januar 1912 in Antonio Marcenos Ballett »Bacchus und Gambrinus« tanzte. Ihr Versuch, bei Sergej Djagilew ein Engagement für seine weltberühmte Truppe »Ballets Russes« zu erhalten, wurde von diesem jedoch brüsk abgelehnt. Als der Erste Weltkrieg am 28. Juli 1914 ausbrach, war der Zenit von Mata Haris Tanzkarriere bereits überschritten.

Nach Kriegsausbruch kehrte sie in die Niederlande zurück. Engagements blieben angesichts des Krieges fast völlig aus. Mata Hari benötigte dringend Geld, ihren bisherigen luxuriösen Lebensstil konnte sie sich nicht mehr leisten. Vermutlich im Mai 1916 trat Mata Hari wohl vor allem aus Geldnöten in den Dienst des deutschen Geheimdienstes, für den sie dank ihrer guten Kontakte zu hohen französischen Militärs und Diplomaten von Interesse war. Sie erhielt den Decknamen H 21. Nach heutiger Kenntnis verriet sie offenbar keine wesentlichen Geheimnisse an die Deutschen. Wie gefährlich eine solche Tätigkeit vor dem Hintergrund des Ersten Weltkrieges war, war ihr offensichtlich nicht klar. Ihre Aktivitäten erregten das Misstrauen des britischen Geheimdienstes, der eine entsprechende Information an den französischen Geheimdienst weiterleitete. Ende 1916 ließ sie sich in ihrer anscheinend grenzenlosen Naivität auch von den Franzosen als Agentin anwerben. Die genauen Umstände ihrer Spionagetätigkeit sind bis heute weitgehend ungeklärt geblieben. Als sich Mata Hari wegen angeblichen Verrats von Namen französischer Spione an die deutschen Militärbehörden verdächtig machte, wurde sie am 13. Februar 1917 in Paris verhaftet und in das Frauengefängnis Saint-Lazare gebracht. Fünf Monate nach ihrer Verhaftung wurde ihr unter Ausschluss der Öffentlichkeit in Paris der Prozess gemacht. Das Militärgericht befand sie der Spionage für Deutschland und des Hochverrats für schuldig und verurteilte sie zum Tod. Tatsächlich gab es keinerlei ernsthafte Beweise dafür, dass Mata Hari jemals irgendwelche relevanten Informationen an die Deutschen geliefert hatte. Mata Haris Schlusserklärung beeindruckte ihre Richter nicht: »Bedenken Sie bitte, dass ich nicht Französin bin und mir das Recht vorbehalte, die Bekanntschaften zu pflegen, die mir passen. Der Krieg ist für mich kein hinreichender Grund nicht länger kosmopolitisch zu denken. Ich bin die Bürgerin eines neutralen Staates, aber meine Sympathien sind bei Frankreich.« Am

Morgen des 15. Oktober 1917 wurde sie in den Befestigungsanlagen von Schloss Vincennes von einem Exekutionskommando erschossen, wobei sie auf die bei Erschießungen übliche Augenbinde verzichtete. Als ihr früherer Ehemann davon erfuhr, erklärte er lakonisch: »Was immer sie in ihrem Leben getan haben mag, das hat sie nicht verdient.«

Anna Pawlowna Pawlowa

* 1881 in Sankt Petersburg
† 1931 in Den Haag

Primaballerina

>*Ich habe immer versucht, den ätherischen Schleier der
Dichtung über meinen Tanz zu werfen, dessen Zauber die rein
mechanischen Elemente verhüllen konnte.*«

(Anna Pawlowa)

Anna Pawlowa war die berühmteste klassische Ballerina ihrer Zeit. Weltbekannt wurde sie mit dem für sie choreografierten dreiminütigen Solotanz »Der sterbende Schwan«, der bis heute noch häufig getanzt wird. Ihre Kunst faszinierte namhafte Maler wie Max Slevogt, Valentin Serow und John Lavery, die Rollenporträts von ihr schufen. Das Geheimnis ihres Erfolgs erklärte die Tänzerin folgendermaßen: »Aus der überlieferten Palette der Choreographie nehme ich jeweils die Farbe, die meiner Stimmung in dem betreffenden Augenblick am besten entspricht. Dabei versuche ich immer, der kleinsten Einzelheit die größte Sorgfalt angedeihen zu lassen. (…) Ich versuche im Tanz auszudrücken, was der Komponist in seine Musik legt, was der Maler mit Farbe und Pinsel ausdrückt und der Schauspieler mit dem gesprochenen Wort. Dies versuche ich mit meinem Körper auszudrücken – und die Geister, die den Leib beseelen, sprechen ja die allgemeinste aller Sprachen.«

Anna Pawlowa kam am 12. Februar 1881 in Sankt Petersburg zur Welt. Ihre Mutter war die Waschfrau Ljubov Fjodorova Pawlowa. Ihr Vater war wahrscheinlich der jüdische Bankier Lazar Poliakoff. Das Mädchen nannte sich später selbst Anna Pawlowna Pawlowa. Da Anna bereits von klein auf von einer Zukunft als Tänzerin träumte, schickte sie ihre Mutter im Alter von zehn Jahren zur Aufnahmeprüfung in die Kaiserliche Ballettschule in Sankt Petersburg. Anna Pawlowa gehörte zu den wenigen Kindern, die 1891 diese Prüfung bestanden. Schon bald erregte die begabte Schülerin die Aufmerksamkeit ihrer Lehrer. In den Statuten der Ballettschule war der Disziplin und Arbeit oberste Priorität eingeräumt. Anna Pawlowa verinnerlichte dies vollkommen und erklärte später: »Kunst ist nicht eine Blüte der beschaulichen Muße, der erholsamen Entspannung – Kunst ist Arbeit. Mit der Schönheit kann man nicht spielen – man muss sich ihr ganz hingeben, mit jedem Nerv!«

Die Ausbildung an der Kaiserlichen Ballettschule dauerte sieben Jahre. Nach ihrer erfolgreichen Abschlussprüfung gehörte sie ab 1899 dem Ensemble des Marijinski-Theaters (»Marientheater«) in Sankt Petersburg an. Schon bei den Prüfungen war einem Zeitungskritiker besonders der Ausdruck ihres Tanzes aufgefallen als »etwas sehr Persönliches, etwas, das man in der Routine der Schule nicht erlernen kann«. Am 19. September 1899 feierte sie ihr Debüt in »La Fille Mal Gardée«. Rasch avancierte sie und tanzte alle größeren Partien in berühmten klassischen Balletten wie Giselle, Schwanensee und Coppelia. Im Alter von 23 Jahren wurde sie zur »prima ballerina assoluta« ernannt: Sie war nur zu einer bestimmten Anzahl von Abenden während einer Spielzeit verpflichtet aufzutreten, und vor allem durfte sie die Rollen, in denen sie auftreten wollte, selbst bestimmen. 1907 choreografierte der Tänzer und Choreograf Michael Fokine, der »Vater des modernen Balletts«, für sie zu der Musik von Camille Saint-Saëns die Soloszene »Der sterbende Schwan«. Die Uraufführung fand am 22. Dezember 1907 bei einer Wohltätigkeitsveranstaltung in Sankt Petersburg statt. Dieses Solo begleitete sie fortan überall hin und machte sie weltberühmt. Michael Fokine verband in dem Tanz vom Sterbenden Schwan Elemente des klassischen Balletts mit neueren Bewegungsformen. Er erklärte später, dass er hier noch Gebrauch gemacht habe »von der alten Technik und dem überlieferten Kostüm – aber der Sinn dieses Tanzes ist nicht, diese Technik zu entfalten, sondern ein Sinnbild des ewigen Kampfes alles Sterblichen in diesem Leben zu geben. Er ist ein Tanz des ganzen Körpers und nicht nur der Glieder, er wendet sich nicht nur ans Auge, sondern auch an das Gemüt und die Einbildungskraft.«

Tourneen in ganz Europa machten Anna Pawlowas Namen international bekannt. 1909 verließ sie das Marijinski-Theater und schloss sich als Solistin dem 1909 von Sergej Djagilew gegründeten Ballettensemble »Les Ballets Russes« in Paris an. Die Trennung vom Kaiserlich Russischen Ballett erschien der Künstlerin notwendig, da sie sich von der in Sankt Petersburg gepflegten starren Form des klassischen Ballettstils lösen wollte. Sie strebte danach, Ausdruck und Linie zu einem einheitlich lebendigen Gebilde mit persönlicher Note zu verschmelzen.

Die Ballets Russes wurden zu einer der erfolgreichsten Ballett-kompanien des 20. Jahrhunderts. Anna Pawlowa blieb aber nur bis 1910 bei den Ballets Russes, dann schied sie aus, da sie mit Igor Strawinskys avantgardistischem Ballett »Der Feuervogel« nichts anfangen konnte.

Während ihrer Tournee durch Großbritannien und die Vereinigten Staaten kam es in Sankt Petersburg zu einem Skandal. Der Aristokrat und Geschäftsmann Victor Dandré, den Anna Pawlowa 1904 kennen gelernt hatte, wurde beschuldigt, Regierungsgelder unterschlagen zu haben. Die Tänzerin holte ihn gegen Kaution aus dem Gefängnis und kam für seine finanziellen Verpflichtungen auf. 1911 heirateten die beiden heimlich in aller Stille. 1912 ließ sich das Ehepaar in London nieder, wo Anna Pawlowa in Golders Green einen Wohnsitz erwarb. Passend zu ihrem berühmten Tanzsolo umgab sie sich in Ivy House mit Schwänen, die auf dem zu dem Haus gehörigen See lebten. In Ivy House wurde auch die von ihr begründete Ballettschule untergebracht. Aus dieser Schule stammten viele Mitglieder ihrer eigenen Truppe, mit der sie in den kommenden Jahren auf Welttournee ging. Victor Dandré wurde ihr Impresario und organisierte für sie diese Tourneen. Ab 1913 führten sie diese Tourneen nach Europa, Asien, Nord- und Mittelamerika sowie nach Australien. Anna Pawlowa war erfüllt von dem Wunsch, klassisches Ballett Menschen nahezubringen, die dieses noch nicht kannten. Auf diesen anstrengenden Tourneen erwarb sie sich den Status eines Superstars. Zwischen 1913 und 1930 gab sie über 4000 Vorstellungen. Nach dem Geheimnis ihrer scheinbar ewigen Jugend befragt, entgegnete sie nur: »Ich esse nicht zu viel und tanze den ganzen Tag.«

1928 erschien unter ihrem Namen das Buch »Tanzende Füße. Der Weg meines Lebens«. Diese angebliche Autobiografie bezeichnete die immer auf ihre Privatsphäre bedachte Künstlerin als Fälschung. Nach zwei Jahrzehnten, in denen sie beinahe immer auf Gastspielreisen unterwegs war, beschloss sie sich zurückzuziehen. Noch während ihrer Abschiedstournee starb Anna Pawlowa am 23. Januar 1931 im Alter von 49 Jahren an einer schweren Lungenentzündung in einem Hotelzimmer in Den Haag. Angeblich galt ihr letzter Blick ihrem Kostüm zum »Sterbenden Schwan«.

Coco Chanel

* 1883 in Saumur
† 1971 in Paris

Modeschöpferin und Begründerin eines
Modeimperiums

>»Chanel ist wie eine ewige Bombe.
Wir alle können sie nicht entschärfen.«*

(Cristobal Balenciaga)

Coco Chanel gilt als eine der einflussreichsten Modedesig-
nerinnen des 20. Jahrhunderts, dessen Damenmode sie nachhaltig prägte. Sie ließ sich vor allem von der Herrenkleidung
anregen und befreite die Damenkleidung vom Ballast des De-
kors und des unbequemen Schnitts. Bewegungsfreundlichkeit
wurde zu einer ihrer Maximen. Chanel erfasste wie kein anderer Couturier die sozialen Umwälzungen im Gefolge des Ersten
Weltkriegs und schuf die zeitgemäße Kleidung für die moderne
emanzipierte Frau. Sie hatte erkannt, dass Mode nicht etwas ist,
»das nur in Kleidern existiert. Mode liegt in der Luft. Sie hat
etwas zu tun mit Ideen, mit der Art, wie wir leben, was um uns
geschieht.« Selbstbewusst stellte sie fest: »Ich war die erste Frau,
die das Leben dieses Jahrhunderts lebte.«
    Geboren wurde die Designerin am 19. August 1883 als un-
eheliche Tochter des Straßenhändlers Albert Chasnel in Saumur
in der Auvergne. Ihre Mutter Jeanne Devolle ließ Gabrielle auf
den Familiennamen des Vaters taufen. Durch einen Schreibfeh-
ler im Taufbuch wurde das »s« im Namen übersehen, was nicht
wieder korrigiert wurde. Gabrielle wuchs in ärmlichen Verhältnissen auf. Als sie zwölf Jahre alt war, verstarb die Mutter und
Gabrielle kam in die Obhut des Waisenhauses des Klosters von
Aubazine, dann in ein Internat. Später hat Coco Chanel immer
wieder beschönigende Versionen über ihre Kindheit und Jugend verbreitet. Die lieblose Jugend machte aus ihr jedoch eine
Überlebenskünstlerin.
    Da sie bei den Nonnen nähen gelernt hatte, fand sie 1902 eine
Lehrstelle als Verkäuferin in einem Spezialgeschäft für Aussteu-
er- und Babyartikel in Moulins. 1904 lernte sie den Industriel-

lensohn Etienne Balsan kennen, der sie in die Gesellschaft einführte und mit dem sie von 1906 bis 1910 zusammenlebte. Mit seiner Unterstützung eröffnete sie 1909 ein Hutatelier in Paris. Mit einer Bürgschaft und einem Kredit ihres neuen Geliebten, des britischen Bergwerksbesitzers Arthur Capel, eröffnete sie 1910 ihr erstes Modehaus in Paris. Der Erfolg, den Chanel mit ihren Hüten hatte, setzte sich auch bei ihren Kleiderentwürfen fort. 1913 eröffnete sie im mondänen Seebad Deauville eine Boutique, 1915 folgte Biarritz. Ihre schlichten, den Körper locker umspielenden Kleider aus Baumwolljersey sowie die einfachen Sweaters, Jacken und Faltenröcke waren die passende Antwort auf die geänderten Zeitumstände des Ersten Weltkriegs. Die von ihr kreierte neue, funktionale Mode war so erfolgreich, dass es ihr möglich wurde, ihre Schulden zu begleichen, was ihr sehr wichtig war, denn sie wollte von niemandem abhängig sein.

1919 eröffnete sie einen Modesalon in der Rue Cambon in Paris. Coco Chanel erwies sich nicht nur als eine großartige Modeschöpferin, sondern auch als eine geschickte Geschäftsfrau. Ihren internationalen Durchbruch verdankte sie dem 1921 herausgebrachten, aus Aldehyden und synthetischen Duftstoffen hergestellten Parfum »Chanel No. 5«. Erstmals wurde ein Duft unter dem Namen seines Schöpfers präsentiert. »Ich will keinen Geruch von Rosen oder Maiglöckchen«, erklärte Chanel. »Ich will ein komponiertes Parfum. Es ist ein Paradox. An einer Frau riechen natürliche Blumendüfte artifiziell. Vielleicht muss ein natürlich riechendes Parfum künstlich kreiert werden.« In den frühen 1920er Jahren begann sie, Modeschmuck zu entwerfen. Ihr Ziel war es dabei nicht, möglichst täuschende Imitationen von Echtschmuck zu schaffen, sondern einen rein ästhetischen Effekt zu erreichen, wodurch Modeschmuck erstmals »gesellschaftsfähig« wurde. Der Kontrast zwischen dem oft auffälligen Schmuck und den schlichten Kleidern und Pullovern macht bis heute den besonderen Reiz der Mode Chanels aus. 1926 entwarf sie das erste »Kleine Schwarze«, ein durch schlichte Eleganz wirkendes schwarzes Gesellschaftskleid, das in abgewandelter Form bis heute aktuell ist.

In ihrem Privatleben war ihr kein dauerhaftes Glück beschieden. Zahlreiche Beziehungen scheiterten. Arthur Capel, den sie als die Liebe ihres Lebens bezeichnete, heiratete standesgemäß eine englische Lady und verunglückte wenige Monate später 1919 bei einem Autounfall. Die Verbindung mit dem russischen Großfürsten Dimitri Pawlowitsch 1920/23 zerbrach ebenso wie die von 1924 bis 1930 dauernde Freundschaft mit Hugh Richard Arthur Grosvenor, Herzog von Westminster. Als die Zeitungen genussvoll von der Heirat des Herzogs mit einer englischen Adeligen berichteten, erklärte die Chanel: »Es gibt viele Prinzessinnen, Gräfinnen und erst recht Baronessen auf der Welt – aber es gibt auf der ganzen Welt nur eine Coco Chanel.« 1935 musste sie erleben, dass der Maler Paul Iribe, der sie zu ihrem Modeschmuck inspiriert hatte, kurz vor der geplanten Hochzeit beim Tennisspielen tot zusammenbrach. Eng befreundet war die Chanel außerdem mit Pablo Picasso, Sergej Djagilew, Jean Cocteau und Igor Strawinsky.

Infolge der Weltwirtschaftskrise geriet Coco Chanel in finanzielle Schwierigkeiten. Während des Zweiten Weltkriegs gab sie die Haute Couture auf, während die Boutique geöffnet blieb und auch die Herstellung von Parfums weiterging. Ihre Liaison mit dem deutschen Diplomaten Hans Günther von Dincklage und die guten Kontakte zu den deutschen Besatzern ließen es nach dem Kriegsende geraten erscheinen, ins Schweizer Exil zu gehen.

Als die 71-jährige Chanel 1954 ihr Comeback startete, überzog sie die Presse mit Hohn und Spott. Bereits ein Jahr später konnte sie mit dem von ihr kreierten Kostümstil einen Welterfolg feiern. Das Chanel-Kostüm avancierte weltweit zum Standardkleidungsstück für Geschäftsfrauen. Das aus meliertem Tweed- oder Bouclé-Stoff gearbeitete schlichte Kostüm bestand aus einer kastenförmigen Jacke mit bordierten Kanten und aufgesetzten Taschen und einem knielangen, leicht ausgestellten Vierbahnenrock. Heute gilt das Chanel-Kostüm als Inbegriff der Mode Coco Chanels.

Coco Chanel blieb bis ins hohe Alter rastlos und arbeitsam. Als sie am 10. Januar 1971 in ihrer Suite im Pariser Hotel Ritz verstarb, war sie mitten in den Vorbereitungen für eine neue Kollektion. Nach ihrem Tod verlor das Haus Chanel an Bedeutung, bis Karl Lagerfeld 1983 begann für die Haute-Couture-Kollektion verantwortlich zu zeichnen. Heute gehört Chanel wieder zu den führenden Modehäusern weltweit.

KÄTHE KRUSE

* 1883 in Breslau
† 1968 in Murnau

Puppenkünstlerin und Unternehmerin

>*Die Firma war klein, ihr Name war groß,*
unverhältnismäßig groß. Da blieb immer eine Diskrepanz,
die sie mit ihrer Persönlichkeit ausfüllte.«
(MAX KRUSE JUN.)

Als sich die älteste Tochter Maria, genannt Mimerle, für das Weihnachtsfest 1905 eine Babypuppe zum Spielen und Liebhaben wünschte, weigerte sich Vater Max Kruse, eine der damals üblichen Puppen zu kaufen, da sie ihm zutiefst missfielen: »Nein, ich kaufe Euch keine Puppen. Ich finde sie scheußlich. Wie kann man mit einem harten, kalten und steifen Ding mütterliche Gefühle wecken. Macht euch selber welche! Eine bessere Gelegenheit, sich künstlerisch zu entwickeln, kannst Du Dir gar nicht wünschen.« Daraufhin begann die junge Mutter Käthe Simon (erst seit 1909 war sie die Ehefrau von Max Kruse) Puppen für ihre Töchter zu basteln. Die erste Puppe bestand aus einem bemalten Kartoffelkopf und einem mit Sand gefüllten Stoffstück, von dem Arme und Beine abgebunden wurden. Diese erste primitive Puppe besaß aber bereits mit ihrem sich weich anfühlenden, anschmiegsamen Puppenkörper alle wichtigen Kriterien, die eine Puppe nach Käthe Kruse erfüllen sollte. Käthe Kruse erinnerte sich später: »Mimerle war glücklich und liebte ihre bambina abgöttisch. – Und ich sah gleich, was sie daran liebte, und warum: Es war so schön schwer! Sie hatte was zu schleppen.« Die Begeisterung der Tochter spornte die Mutter zur weiteren Puppenproduktion an. Heute gilt Käthe Kruse als eine der weltweit bekanntesten Puppenschöpferinnen. Noch immer werden ihre kindgerechten Puppen in der Käthe Kruse Puppenmanufaktur in Donauwörth hergestellt und antike Stücke zu hohen Preisen gehandelt. Sie selbst hat über ihre Puppen gesagt: »Ich will vor allem sagen, was die Puppe sein muss: Die Puppe muss etwas zum Liebhaben sein. Dies ist ihr Sinn und Zweck. Ich kenne keinen anderen.«

Käthe Kruse wurde am 17. September 1883 in Breslau als Katharina Simon, uneheliche Tochter des Stadthauptkassen-buchhalters Robert Rogaske und der Näherin Christiane Simon geboren. Ihre Kinder- und Jugendjahre verlebte sie in ärmlichen Verhältnissen. Die schönste Abwechslung stellten für sie die Theaterbesuche mit ihrer Tante und ihrem Onkel dar. Nach ihrem Schulabschluss 1899 erhielt sie eine Ausbildung als Schauspielerin und spielte unter dem Künstlernamen Hedda Somin von 1900 bis 1902 am Lessingtheater in Berlin. Sobald es ihr finanziell möglich war, holte sie ihre Mutter nach Berlin nach.

Im Januar 1902 lernte sie den dreißig Jahre älteren Berliner Bildhauer und Bühnenbildner Carl Max Kruse kennen und lieben. Als Anfang Dezember 1902 das erste Kind, die Tochter Maria, zur Welt kam, hängte die erst neunzehn Jahre alte Mutter die Schauspielerei an den Nagel. Als das zweite Kind – Sofie – unterwegs war, zog sie 1904 ins Tessin und später in die Toskana, da Max Kruse fand, dass Berlin kein passender Ort für kleine Kinder sei. Er selbst dagegen verbrachte die meiste Zeit in Berlin. Nach sieben Jahren offener Lebensgemeinschaft heiratete das Paar 1909.

Käthe Kruses Puppen wurden 1910 erstmals öffentlich in einer Weihnachtsausstellung »Spielzeug aus eigener Hand« des Berliner Warenhauses von Hermann Tietz präsentiert. Die Puppen fanden ein so großes Echo, dass sie solche auch für andere Interessenten herstellen sollte. Die ursprünglich einfachen und schlichten Puppen wurden dank der Kreativität und Kunstfertigkeit von Käthe Kruse, die außerdem hohe Ansprüche an ihre Arbeit stellte, immer mehr perfektioniert und verschönert. Ihr Credo lautete: »Ich aber glaube, dass Erfolg und Wirkung immer in unmittelbarem Verhältnis zur aufgewandten Mühe stehen. Man darf es sich nicht bequem machen.« Sie ging dazu über, Puppen zu entwerfen und zu fertigen, die ihren eigenen Kindern nachempfunden waren. Max Kruse modellierte dafür die Köpfe seiner Kinder, die dann als Vorlage für die Puppenköpfe dienten.

Zwei Aufträge aus Amerika, zunächst einer über 150 Stück, kurze Zeit später der andere über 500 Puppen, machten eine eigene Werkstatt mit Angestellten erforderlich. 1912 zog Familie Kruse deshalb von Berlin nach Bad Kösen, wo die Puppen in der von Käthe Kruse gegründeten Manufaktur ab Herbst 1912 in Handarbeit hergestellt wurden und ihren Siegeszug um die Welt antraten. Keine Puppe verließ die Firma, die sie nicht vorher persönlich begutachtet hätte. Dies machte ihre Puppen zu einem elitären Qualitätsprodukt. »Was ich wollte, war ja das genaue Gegenteil von seelenlosen Massenpuppen.« Der Firma kam Käthe Kruses Verkaufs- und Werbetalent zugute. Schon 1913 erschien ein Katalog, in dem die Puppen in »niedlichen« Szenen gezeigt wurden.

Die in der Spielwarenindustrie übliche Art, beliebte Produkte zu kopieren, empfand Käthe Kruse als Bedrohung für die Einzigartigkeit ihrer Puppen. Zum großen Ärger ihrer Konkurrenten gewann sie 1925 den Prozess um die Urheberschaft ihrer Puppen. Der Betrieb wuchs, und so wurden zunehmend auch die inzwischen sieben Kinder der Familie Kruse in die Produktion, den Haushalt oder die Betreuung und Erziehung der jüngeren Geschwister eingebunden. 1934 begann Käthe Kruse mit der Herstellung von Schaufensterpuppen, die 1962 eingestellt wurde.

Während des Zweiten Weltkrieges wurde es immer komplizierter, Material für die Herstellung der Puppen zu bekommen und die Produktion kam fast völlig zum Erliegen. Während der Kriegszeit verlor sie nicht nur zwei ihrer Söhne, sondern auch ihr Mann verstarb 1942 hochbetagt. Nach dem Krieg gestaltete sich die Puppenproduktion in der sowjetisch besetzten Zone zunehmend schwierig. 1952 wurde ihr Unternehmen in einen volkseigenen Betrieb umgewandelt, der nach einigen Jahren geschlossen wurde. Schon vorher hatten zwei ihrer Söhne, darunter der bekannte Kinderbuchautor Max Kruse, Niederlassungen in Bad Pyrmont und Donauwörth gegründet, die 1949 in Donauwörth zusammengelegt wurden. Käthe Kruse zog 1950 in die Bundesrepublik Deutschland. Die von ihr entworfenen Modelle blieben erhalten, und auch die Handfertigung der Puppen wurde beibehalten. In den folgenden Jahren beschäftigte sie sich damit, die wirtschaftliche Situation der Firma zu stabilisieren. 1951 veröffentlichte sie ihre Lebensgeschichte unter dem Titel »Das große Puppenspiel«. Als eine der wenigen Frauen erhielt sie 1956 das Bundesverdienstkreuz Erster Klasse. Zwei Jahre später übernahm ihre Tochter Hanne zusammen mit ihrem Mann Heinz Adler die Leitung der Firma. Käthe Kruse verlebte ihre letzten Lebensjahre zusammen mit ihrer ältesten Tochter Maria in München. Sie starb am 19. Juli 1968 im oberbayerischen Murnau. Seit 1993 kann man in dem Käthe-Kruse-Museum in Donauwörth ihre Puppen bewundern und sich über die Geschichte ihrer Firma informieren.

ELEANOR ROOSEVELT

* 1884 in New York City (New York, USA)
† 1962 in New York City (New York, USA)

Politikerin, Bürgerrechtlerin und First Lady
der Vereinigten Staaten von Amerika

»First Lady of the World«
(HARRY S. TRUMAN)

In den Vereinigten Staaten von Amerika wird Eleanor Roosevelt, die Ehefrau des amerikanischen Präsidenten Franklin Delano Roosevelt, noch heute zu den bedeutendsten Frauen des 20. Jahrhunderts gezählt. Geboren wurde Anna Eleanor Roosevelt am 11. Oktober 1884 in New York als Tochter von Elliott Roosevelt, dem Bruder des späteren amerikanischen Präsidenten Theodore Roosevelt, und Anna Livingston Ludlow Hall. Die Familie gehörte der New Yorker Oberschicht an und lebte vorwiegend von ihrem ererbten Vermögen. Ihre Kindheit gestaltete sich ziemlich freudlos, da ihre ausnehmend schöne Mutter sie als hässlich und ungraziös ablehnte. Bei ihrem Vater fand sie zwar Liebe und Zuneigung, aber wegen seiner schweren Alkoholkrankheit konnte er ihr die nötige Geborgenheit nicht geben. Nach dem frühen Tod ihrer Eltern kam die zehnjährige Vollwaise zu ihrer ebenfalls kühl-reservierten Großmutter Mary Ludlow Hall. Von 1899 bis 1902 besuchte Eleanor, die bis dahin nur Privatunterricht kannte, das exklusive englische Internat Allenswood bei London. Die dort verbrachten Jahre bezeichnete sie später als die glücklichste Zeit ihres Lebens. Die Schulleiterin Marie Souvestre brachte das scheue und unsichere junge Mädchen »auf den Weg zum Selbstbewusstsein« und weckte ihr Interesse an sozialen Fragen. Nach ihrer Rückkehr nach Amerika lernte sie ihren Cousin fünften Grades Franklin D. Roosevelt kennen, dessen Mutter allerdings gegen diese Verbindung war. Dass ihre künftige Schwiegermutter sie ablehnte, war Eleanor Roosevelt nur zu bewusst: »Ich weiß, wie Du Dich fühlst und wie schlimm es für Dich sein muss,« schrieb sie ihr, »aber ich wünsche mir so sehr, dass Du mich ein wenig lieben lernst.« Im März 1905 fand die Hochzeit statt. In den kommenden zehn

Jahren brachte Eleanor Roosevelt sechs Kinder zur Welt, von denen ein Sohn im Alter von nur wenigen Monaten verstarb. Ihren Kindern gegenüber verhielt sie sich aber ähnlich lieblos wie einst ihre eigene Mutter ihr gegenüber.

Im September 1918 musste Eleanor Roosevelt tief verletzt feststellen, dass ihr Ehemann, der 1913 Unterstaatssekretär der Marine in Washington geworden war, eine Liebesaffäre mit ihrer Sekretärin Lucy Mercer hatte. Dem ehelichen Zusammenleben hatte sie allerdings schon vorher wenig abgewinnen können. Um seine beispielhafte politische Karriere nicht durch eine Scheidung zu gefährden, war sie damit einverstanden, dass die Ehe als politische Partnerschaft fortgeführt wurde. Das Paar teilte weiterhin viele sozialreformerische Ideen, aber lebte zunehmend an getrennten Orten. 1921 erkrankte Franklin D. Roosevelt an Kinderlähmung, als deren Folge seine Beine gelähmt blieben. Seine Ehefrau wurde zu seinen »Augen, Ohren und Füßen«; denn es durfte wegen seiner politischen Ambitionen nicht bekannt werden, dass er ein »Krüppel« war. Durch Zeitschriftenaufsätze, öffentliche Vorträge und Auftritte in Hörfunksendungen gewann Eleanor Roosevelt eine gewisse finanzielle Unabhängigkeit, wodurch es ihr möglich war, sich in Val-Kill ein Cottage zu erbauen, das sie gemeinsam mit ihren feministischen Mitstreiterinnen Nancy Cook und Marion Dickerman bezog. Die drei Frauen gründeten 1925 die politische Monatszeitschrift »Women's Democratic News«. 1927 erwarben sie die Todhunter School, eine private Mädchenschule in Manhattan, in der Eleanor Roosevelt Literatur, Geschichte und Politik unterrichtete. Außerdem eröffneten die Freundinnen eine Möbelfabrik in Val-Kill.

In dem Jahrzehnt vor der Wahl ihres Mannes zum amerikanischen Präsidenten widmete sich Eleanor Roosevelt in erster Linie der Frauenpolitik. Sie war davon überzeugt, dass Männer vor allem zur Verfolgung ihrer eigenen Karriere in die Politik gingen, während Frauen hingegen den Wunsch hätten, die Gesellschaft zu verändern und die Alltagsbedingungen zu verbessern. Mit der Einführung des Frauenwahlrechts 1920 in Amerika kam Frauen eine wachsende Bedeutung zu. 1928 wurde sie Vorsitzende des Bureau of Women's Activities for the Democratic National Commitee. In der Öffentlichkeit wurde sie als prominente Vertreterin der Demokratischen Partei wahrgenommen. Die Aussicht, First Lady zu werden, begeisterte sie zunächst nicht: »Ich glaubte, dass es das Ende meines eigenständigen Lebens darstellen würde. Ich wusste aus der Tradition, was vor mir lag. Ich hatte Mrs. Theodore Roosevelt beobachtet und dabei gesehen, was es bedeutet, die Frau eines Präsidenten zu sein und ich kann nicht sagen, dass mir die Aussichten gefielen. Indem ich eigenes Geld verdiente, hatte ich ein bestimmtes Maß finanzieller Unabhängigkeit und war in der Lage, jene Dinge zu tun, an denen ich persönlich interessiert war.«

Nachdem ihr Mann im März 1933 amerikanischer Präsident geworden war, unterstützte sie als First Lady die von ihrem Mann und der Demokratischen Partei eingeleitete Politik des New Deal, jenes Sozial- und Wirtschaftsprogramms, mit dessen Hilfe das Land aus der schweren Wirtschaftskrise und der damit verbundenen Massenarbeitslosigkeit herausgeführt werden sollte. Eleanor Roosevelt reiste durch die Staaten, um sich ein persönliches Bild von den gesellschaftlichen Verhältnissen zu machen. Ihr kam dabei zugute, dass sie es verstand, unterschiedslos mit jedem Menschen in Kontakt zu treten. In täglichen Zeitungskolumnen wandte sie sich unter der Rubrik »My Day« an die Bevölkerung. Wöchentlich hielt sie eigene Pressekonferenzen ab, zu denen nur Journalistinnen eingeladen wurden. Ihr besonderes Interesse galt seit 1934 der Verbesserung der Rechte der Afroamerikaner, und sie begann gegen die Rassendiskriminierung zu protestieren. Auch nach dem Eintritt der Vereinigten Staaten in den Zweiten Weltkrieg 1941 setzte sich Eleanor Roosevelt, die anstelle ihres kranken Mannes unzählige Reisen zu den amerikanischen Truppen unternahm, besonders für die Rechte der Schwarzen und Frauen ein. Energisch bekämpfte sie den kriegsbedingten Abbau der Wohlfahrtsprogramme. Außerdem setzte sie sich, wenngleich mit nur geringem Erfolg, für jüdische Flüchtlinge aus dem nationalsozialistischen Deutschland ein.

Nach dem Tod ihres Mannes im April 1945 berief sie sein Amtsnachfolger Harry S. Truman im Dezember 1945 als amerikanische Delegierte für die Vereinten Nationen. Die Allgemeine Deklaration der Menschenrechte, die am 10. Dezember 1948 von der Generalversammlung verabschiedet wurde, ist im Wesentlichen das Werk Eleanor Roosevelts. Bis 1953 engagierte sie sich als Diplomatin für den Weltfrieden, für den jungen Staat Israel, für die Präsidentschaft von Adlai Stevenson und gegen Senator Joseph McCarthys Hetzjagd auf »unamerikanische Aktivitäten«, obwohl sie andererseits durchaus davon überzeugt war, dass der nach 1945 einsetzende Kalte Krieg gewonnen werden musste. Gegen Ende ihres Lebens führte Eleanor Roosevelt den Vorsitz in John F. Kennedys »Peace Corps«. Am 7. November 1962 verstarb sie in New York.

Agatha Christie

* 1890 in Torquay
† 1976 in Wallingford

Schriftstellerin

»*Queen of Crime*«

Zwei der populärsten und berühmtesten Detektive der Kriminalliteratur verdankt die Welt Agatha Christie: den Privatdetektiv Hercule Poirot und die altjüngferliche Miss Jane Marple. Die britische Schriftstellerin Agatha Christie gehört dank dieser beiden literarischen Figuren zu den erfolgreichsten Autorinnen des 20. Jahrhunderts. Sie gilt immer noch als Großmeisterin des klassischen Detektivromans.

Sie wurde am 15. September 1890 als jüngstes Kind des Amerikaners Frederick Alvah Miller und seiner englischen Ehefrau Clara Boehmer in Torquay geboren und erhielt die Namen Agatha Clarissa. Ihr Vater war nach ihren Worten ein liebenswürdiger »Nichtstuer«, der von seinem ererbten Vermögen lebte. Rückblickend bezeichnete Agatha Christie ihre Kindheit als eine »sehr glückliche« Zeit. Mit fünf Jahren brachte sie sich das Lesen selbst bei. Eine Schule besuchte sie nie. Bereits mit elf Jahren veröffentlichte Agatha ein Gedicht in einem Lokalblatt. Trotz finanzieller Schwierigkeiten nach dem frühen Tod des Vaters wurde sie in mehrere Mädchenpensionate in Frankreich geschickt.

1912 lernte Agatha Miller den ein Jahr älteren Offizier Archibald Christie kennen. Als der Erste Weltkrieg ausbrach, wurde Christie nach Frankreich versetzt, während Agatha zunächst als Abteilungshilfe, dann als Krankenpflegerin im Lazarett von Torquay arbeitete. Während des kurzen Weihnachtsurlaubs von Christie 1914 heirateten er und Agatha überstürzt mit zufälligen Passanten als Trauzeugen. Später wurde sie in der Krankenhausapotheke eingesetzt, wo sie viel über Gifte lernte, was ihr später bei der Abfassung ihrer Kriminalromane von Nutzen war. Noch während Agatha Christie in der Krankenhausapotheke arbeitete, schrieb sie ihren ersten Kriminalroman. »Auf den Regalen rund um mich standen Gifte, und so war es vielleicht nur natürlich, dass ich einen Giftmord ins Auge fasste.« Noch vor Kriegsende mieteten die Christies eine Wohnung in London. Am 5. August 1919 wurde Tochter Rosalind geboren. Der während des Krieges von ihr verfasste Kriminalroman wurde 1920 unter dem Titel »The Mysterious Affair at Styles« (Das fehlende Glied in der Kette) veröffentlicht. Es war dies zugleich die Geburtsstunde des Ordnung liebenden belgischen Detektivs Hercule Poirot, der seine Fälle mit Hilfe seiner »grauen Zellen« löst. Die vielen belgischen Flüchtlinge während des Krieges hatten Agatha Christie dazu angeregt. Berühmt wurde sie aber erst mit dem 1926 veröffentlichten Buch »The Murder of Roger Ackroyd« (Alibi). Insgesamt sollte sie mehr als achtzig Kriminalromane, Kurzgeschichten und fünfzehn Theaterstücke verfassen, die sie zu einer wohlhabenden Frau machten. Ihre Bücher, von denen viele verfilmt wurden, wurden in mehr als 44 Sprachen übersetzt. Unter dem Pseudonym Mary Westmacott schrieb sie außerdem noch sechs Liebesromane. Sie empfand den Erfolg als wohltuend, Berühmtheit dagegen als lästig. »Schriftsteller sollen schreiben«, sagte sie und mied möglichst die öffentlichen Medien.

1926 brachen mehrere Schicksalsschläge über sie herein, die ihr bisheriges Leben veränderten. Nach dem Tod ihrer Mutter, der sie stark belastete, erfuhr sie, dass ihr Mann eine Affäre mit einer anderen Frau hatte, die er heiraten wollte. Nie geklärt werden konnte, warum Agatha Christie im Dezember 1926 für zehn Tage scheinbar spurlos verschwand, bis sie nach einer spektakulären Suchaktion aufgefunden wurde. Sie hatte sich unter dem Namen »Teresa Neele« in einem Hotel in Harrogate einquartiert. Bis heute wird darüber gerätselt, ob es sich um einen PR-Gag handelte, was wohl eher auszuschließen ist, oder ob sich dahinter eine Panikreaktion oder eine Gedächtnisstörung verbarg.

Nach ihrer Scheidung im April 1928 unternahm Agatha Christie eine ausgedehnte Reise in den Nahen Osten, auf der sie in Ur die Bekanntschaft mit dem Archäologen Leonard Woolley und seiner Frau Katherine machte. Im Februar 1930 reiste Agatha Christie auf Einladung der Woolleys zum zweiten Mal nach Ur, wo sie den wissenschaftlichen Mitarbeiter Woolleys, Max Mallowan, kennen lernte. Als der vierzehn Jahre jüngere Mallowan zeitweise im »British Museum« in London arbeitete, heirateten er und Agatha Christie am 11. September 1930 in Edinburgh, obwohl sie zunächst wegen des Altersunterschieds gezögert und außerdem Vorbehalte gegen eine erneute enge Bindung hatte.

Mit dem 1930 erschienenen Roman »The Murder at the Vicarage« (Mord im Pfarrhaus) führte Agatha Christie ihre zweite bekannte Detektiv-Figur ein, die alte Dame Miss Marple, die in dem fiktiven Dorf St. Mary Mead lebt und von ihren Mitmenschen immer nur das Schlechteste erwartet. »Ich ahnte nicht, dass sie eine Konkurrenz für Hercule Poirot werden würde.«

Max Mallowan arbeitete nach Ur als Archäologe in Ninive, von 1949 bis 1958 führte er Ausgrabungen in Nimrud durch. Agatha Christie verbrachte meistens einige Monate im Jahr bei ihrem Mann auf dessen Ausgrabungskampagnen. Voller Begeisterung unterstützte sie ihn dabei und übernahm teilweise das Fotografieren der Funde. Außerdem ließ sie sich von den Expeditionen zu Romanen anregen, so z. B. zu »Murder in Mesopotamia« (Mord in Mesopotamien). Ihre Erinnerungen an eine der Expeditionen in Syrien schilderte sie in »Come Tell Me How You Live« (Erinnerung an glückliche Tage).

Am 26. Mai 1947 sendete die BBC ein halbstündiges Hörspiel von Agatha Christie mit dem Titel »Three Blind Mice«. Später machte sie daraus ein Bühnenstück mit dem Titel »The Mousetrap« (Die Mausefalle), das am 6. Oktober 1952 in Nottingham uraufgeführt wurde. Nach seiner West-End-Premiere einen Monat später entwickelte es sich zu einem der erfolgreichsten Theaterstücke weltweit. In London wird es seitdem ununterbrochen gespielt und hält damit einen Rekord in der Theatergeschichte. »Ich muss gestehen,« erinnerte sich Agatha Christie, »ich hatte nicht das Gefühl, dass es ein großer Erfolg sein würde – auch nicht annähernd.«

1956 erhielt Agatha Christie den Orden des Britischen Empire verliehen, fünf Jahre später folgte die Ehrendoktorwürde der Universität Exeter. 1971 wurde sie von Königin Elizabeth II. zur »Dame of the British Empire« ernannt und erhielt damit den persönlichen Adelsstand.

Am 12. Januar 1976 starb Agatha Christie im Alter von 85 Jahren im Winterbrook House in Wallingford. Ein Jahr später erschienen ihre Lebenserinnerungen »An Autobiography« (Meine gute alte Zeit).

ANNA FREUD

* 1895 in Wien
† 1982 in London

Psychoanalytikerin

> »Ich glaube nicht, daß ich ein guter Gegenstand für die
> Biographen bin. Nicht aufregend genug. Alles, was man über
> mich sagen kann, lässt sich in einen Satz zusammenfassen: Sie
> verbrachte ihr Leben mit Kindern.«

(ANNA FREUD)

Die Vorstellung, dass von ihr ein unveränderliches Abbild
in Form einer Fotografie, eines Gemäldes oder einer Biografie geschaffen würde, behagte Anna Freud nicht. Selbst den
Gedanken, sich von ihrem berühmten Neffen, dem Maler Lu-
cian Freud, porträtieren zu lassen, lehnte sie als »unmöglich«
ab.

Anna Freud, die am 3. Dezember 1895 in Wien geboren wurde, war das jüngste der sechs Kinder von Sigmund Freud und
seiner Ehefrau Martha Bernays. Während sie ihren Vater, den
Begründer der Psychoanalyse, bewunderte, blieb das Verhältnis zu ihrer Mutter zeitlebens gespannt. Nach ihrer Ausbildung
zur Lehrerin arbeitete Anna Freud von 1915 bis 1920 zunächst
als Volksschullehrerin in Wien. Von Anfang an galt ihr Hauptinteresse aber der Psychoanalyse. Schon als Fünfzehnjährige
hatte sie die Werke ihres berühmten Vaters gelesen. Ihr Wunsch,
Psychoanalytikerin zu werden, fand die Unterstützung ihres
Vaters. Ihre Ausbildung zur Laien-Psychoanalytikerin begann
sie 1918 mit einer vierjährigen Lehranalyse bei ihrem Vater, zu
dessen enger Mitarbeiterin und Vertrauten sie wurde. 1922 hielt
Anna Freud ihren Einführungsvortrag »Über Schlagephantasie
und Tagtraum« in der Wiener Psychoanalytischen Vereinigung,
in die sie kurze Zeit danach als Mitglied aufgenommen wurde. Ein Jahr später eröffnete sie ihre eigene psychoanalytische
Praxis für Kinder in Wien, die schon bald florierte. Überschattet wurde der berufliche Erfolg durch die Nachricht, dass ihr
Vater an Kieferkrebs erkrankt war. Nachdem sie den Schock
verarbeitet hatte, pflegte sie ihn nicht nur aufopferungsvoll,

sondern vertrat ihn auch auf Kongressen und führte für ihn Verhandlungen. Ab 1925 hielt sie am Lehrinstitut der Wiener Psychoanalytischen Vereinigung Seminare und Vorlesungen über die Technik der Kinderanalyse und zur psychoanalytischen Pädagogik. Ihr 1927 erschienenes Buch »Einführung in die Technik der Kinderanalyse« gilt heute ebenso als Klassiker wie ihr 1930 veröffentlichtes Werk »Einführung in die Psychoanalyse für Pädagogen«. Über ihre erste Zeit als Analytikerin sagte sie später: »Wir waren alle aufgeregt und voller Energie. Es war, als ob ein ganzer neuer Kontinent entdeckt würde, und wir alle wären die Entdecker und hätten jetzt die Chance, die Dinge zu ändern«. Von 1927 bis 1934 war Anna Freud Generalsekretärin der Internationalen Psychoanalytischen Vereinigung. 1935 wurde sie Leiterin des Wiener Lehrinstituts. Ihre Publikation von 1936 »Das Ich und die Abwehrmechanismen« war ein Buch über die »Mittel, mit denen das Ich sich gegen Unlust und Angst verteidigt«. Es wird vielfach als ihr eigentliches Hauptwerk bezeichnet und ist bis heute ein Standardwerk der psychoanalytischen Ausbildung. Sie schuf damit die Basis der späteren Ich-Psychologie.

Seit ihrem 30. Lebensjahr bildete sie mit der amerikanischen Millionenerbin Dorothy Tiffany-Burlingham, die damals ihre Lehranalyse bei Sigmund Freud absolvierte, ein eng miteinander verbundenes Paar. Für die vier Kinder der Freundin war Anna Freud so etwas wie eine zweite Mutter. Bis zu Dorothy Burlinghams Tod 1979 lebten und arbeiteten die beiden Frauen zusammen, die aber jede Vermutung auf eine lesbische Verbindung ablehnten.

Die schwierige politische und wirtschaftliche Lage in den 30er Jahren bewog Anna Freud und Dorothy Burlingham sich wohltätiger Projekte anzunehmen. 1937 konnten sie ihre analytische Arbeit mit sozialer Hilfe verbinden, als sie mit den finanziellen Mitteln der Amerikanerin Edith Jackson eine von Montessori-Ideen inspirierte Kindertageskrippe für Kleinkinder aus armen Wiener Familien gründeten. Anders als in traditionellen Kindergärten wurden den Kindern in der »Jackson Nursery« große Freiräume gewährt. Diese vielversprechende Einrichtung musste jedoch im März 1938 nach dem Anschluss Österreichs an das nationalsozialistische Deutsche Reich ihre Pforten wieder schließen. Trotz des schlechten Gesundheitszustandes von Sigmund Freud blieb für die Familie Freud als einzige Alternative nur die Emigration. Nach einem Verhör bei der Gestapo, für das sich Anna Freud für alle Fälle Veronal mitgenommen hatte, und nach der Begleichung der »Reichsfluchtsteuer« konnte sie mit ihrem Vater über Paris nach London ins Exil gehen, wo sie am 6. Juni 1938 ankamen. Erst anlässlich des 27. Internationalen Psychoanalytischen Kongresses im Jahr 1971 kam Anna Freud für kurze Zeit nach Wien zurück.

In London eröffnete Anna Freud wieder eine Praxis und hielt Vorträge über Kinderpsychologie. Über ihre neue Heimat schrieb sie:»England ist wirklich ein zivilisiertes Land, und ich bin dankbar, daß wir hier sein können.« Kurz nach Ausbruch des Zweiten Weltkrieges starb ihr Vater im September 1939. In dem Bewusstsein einer Sendung, nämlich die Psychoanalyse Sigmund Freuds weiterzuführen, begann sie seine gesammelten Werke herauszugeben. Als Dank an England rief sie gemeinsam mit Dorothy Burlingham eine Einrichtung für Kriegskinder und -waisen in Hampstead ins Leben: »Der Zweite Weltkrieg veranlaßte uns, in England in direkter Nachfolge unserer Wiener Jackson-Krippe die unter dem Namen Hampstead War Nurseries bekannt gewordenen, erheblich erweiterten Kriegskinderheime zu schaffen, die von 1939 bis 1945 mehr als 80 Kinder im Alter von wenigen Wochen bis über sechs Jahren beherbergten und die für alle Beteiligten eine beispiellose und nie versiegende Quelle von Beobachtungsmaterial ergaben.« Über diese Kinder veröffentlichten die beiden Freundinnen Studien:»Young Children in War-Time« und »Infants without Families«. Gemeinsam mit Kate Friedländer gründete sie 1947 die Hampstead Child Therapy Courses, die fünf Jahre später um eine Kinderklinik vergrößert wurden. Viele englische und amerikanische Kinderanalytiker wurden hier ausgebildet. Eine Mitarbeiterin berichtete: »Die Hampstead Clinic wurde manchmal Anna Freuds Großfamilie genannt, und so fühlten wir uns auch, mit all den Ambivalenzen, die eine solche Bezeichnung beinhaltet.« Es gelang aber nicht, die Hampstead Clinic zu einer offiziellen Ausbildungsstätte im Rahmen der Internationalen Psychoanalytischen Vereinigung zu machen.

Von 1944 bis 1949 war Anna Freud Generalsekretärin, seit 1959 Vizepräsidentin der Internationalen Psychoanalytischen Vereinigung. Nach dem Zweiten Weltkrieg erhielt die »große Dame der Psychoanalyse« mehrere Ehrendoktorate. Diese Ehrungen wollte sie allerdings nicht als Würdigung ihrer Person verstanden wissen, sondern als Anerkennung der Psychoanalyse als solcher. Am 8. Oktober 1982 verstarb Anna Freud in

London. Ihrem Wunsch entsprechend wurde das Haus in Ma-
resfield Gardens, wo sie ihren Vater bis zu seinem Tod umsorgt
und mehr als 40 Jahre mit ihrer Freundin Dorothy Burlingham
gelebt hatte, in ein Museum verwandelt.

GOLDA MEIR

* 1898 in Kiew
† 1978 in Jerusalem (Israel)

Politikerin und Ministerpräsidentin Israels

> *»Ich hatte nie vorgehabt, Ministerpräsidentin zu werden,*
> *ich hatte tatsächlich nie ein Amt angestrebt.«*
>
> (GOLDA MEIR)

Eine der mächtigsten, wenn auch nicht unumstrittenen Frauen in der jüngeren Geschichte Israels war die charismatische Golda Meir. Sie prägte die Politik des noch jungen Staates entscheidend mit und beeinflusste die weitere Entwicklung des Landes.

In ihrer Kindheit erlebte die am 3. Mai 1898 in Kiew geborene Golda Judenpogrome, die ihren Vater Mosche Mabowitsch, einen Zimmermann und Kunsttischler, veranlassten in die Vereinigten Staaten von Amerika zu gehen. Die Armut der Familie war ein weiterer Grund für ihn, Russland den Rücken zu kehren und wie viele andere Juden in der Neuen Welt sein Glück zu versuchen. Aus der Angst und dem Gefühl des Andersseins heraus gewann Golda die sie ihr Leben lang prägende Überzeugung, »dass man, wollte man überleben, etwas persönlich dafür tun musste.« 1906 holte der Vater die Familie, seine Frau Blume und die drei Töchter, nach Milwaukee nach. Gegen den Willen der Eltern wurde sie zunächst Lehrerin, danach arbeitete sie als Bibliothekarin in Chicago und New York. Durch ihre Leidenschaft für Politik wurde sie ein aktives Mitglied der zionistisch-sozialistischen Bewegung. Im Winter 1918 nahm sie am American Jewish Congress teil, was sie später als den Beginn ihrer politischen Laufbahn betrachtete. Die Erzählungen von palästinensischen Juden faszinierten sie so sehr, dass sie ihren Ehemann Morris Meyerson, den sie 1917 geheiratet hatte, überredete, mit ihr nach Palästina auszuwandern. Nachdem das Paar 1921 in dem damals noch britischen Mandatsgebiet eintraf, beantragte es seine Mitgliedschaft in dem Kibbuz Merchavia. Für zweieinhalb Jahre lebten die Meyersons in diesem Kibbuz im Tal von Jesreel. Golda Meyerson, die dort Hebräisch und Arabisch lernte, war von dem Kibbuzsystem begeistert: »Ich persönlich glaube – und habe immer geglaubt –, dass der Kibbuz der einzige Ort auf der Welt ist, wo Menschen die Chance haben, an der Gemeinschaft, zu der sie gehören, voll teilzuhaben – die Art von Arbeit, die sie tun, oder ihre Leistung spielt keine ausschlaggebende Rolle. Wichtig ist allein ihr wahrer Wert als menschliche Wesen.« Ihr Mann, der von Beruf Schildermaler war, schätzte diese Lebensweise dagegen nicht, weshalb das Paar zunächst nach Tel Aviv, dann nach Jerusalem zog, wo die Kinder Menachem und Sarah geboren wurden.

Nach der Trennung von ihrem Ehemann kehrte Golda Meyerson 1928 mit ihren Kindern nach Tel Aviv zurück. Aufgrund ihrer Durchsetzungsfähigkeit und Willensstärke wurde sie, die bereits 1923 der links orientierten Mapai-Partei beigetreten war, zur Leiterin des Rates der arbeitenden Frauen in der Gewerkschaft Histadrut gewählt. Im Auftrag der Gewerkschaft und ihrer Partei reiste sie mehrmals in die Vereinigten Staaten, um Spenden für die jüdischen Unabhängigkeitsbestrebungen zu sammeln. Seit 1946 leitete sie die politische Abteilung der Jewish Agency, der Vertretung der Juden in Palästina. In dieser Eigenschaft verhandelte sie mit den Briten und mit der UN-Kommission für Palästina. Vor der Proklamation des Staates Israel führte die als Araberin verkleidete Golda Meyerson geheime Gespräche mit dem jordanischen König Abdallah Ibn Hussain zur Friedenssicherung, die aber ergebnislos verliefen.

Als am 14. Mai 1948 die Unabhängigkeitserklärung des Staates Israel unterzeichnet wurde, war Golda Meyerson als Mitglied der Provisorischen Regierung dabei: »Alles, was ich von meiner Unterzeichnung noch weiß, ist, dass ich hemmungslos weinte und nicht einmal imstande war, mir die Tränen vom Gesicht zu wischen.« Im Juni 1948 wurde sie zur ersten Botschafterin Israels in Moskau bestimmt. Nach siebenmonatiger Tätigkeit in der Sowjetunion übernahm die Politikerin, die über 25 Jahre der Knesset, dem israelischen Parlament, als Abgeordnete angehören sollte, in der ersten 1949 gewählten Regierung unter Ministerpräsident David Ben-Gurion das Arbeitsministerium. In ihren Erinnerungen bezeichnete sie die dort verbrachten sieben Jahre als »die befriedigendsten und glücklichsten meines Lebens«. Sie schuf in dieser Zeit die Grundlagen für ein umfassendes Sozialversicherungssystem. Danach leitete sie bis 1965 das Außenministerium. »Im Sommer 1956, als ich gerade meinen neuen Ministerposten antrat, gewöhnte ich mich allmählich daran, Frau Meir genannt zu werden. Dieser Name kam einer hebräischen Version des Namens Meyerson am nächsten, außerdem kam ich auf diese Weise der Forderung Ben-Gurions nach, einen hebräischen Namen anzunehmen.« Da die Spannungen mit den arabischen Ländern, die den neuen israelischen Staat ablehnten, fortbestanden, setzte Golda Meir auf eine proamerikanische Position Israels. Als Israel nach dem Sinai-Feldzug weitgehend auf sich allein gestellt war, versuchte sie die Unterstützung der afrikanischen Staaten durch Entwicklungshilfe zu gewinnen, was ihr zunächst gelang.

Nach einem kurzzeitigen Rückzug aus dem politischen Leben war Golda Meir 1968 maßgeblich an der Gründung der Arbeitspartei beteiligt, einer Föderation aus drei Parteien. Die bereits unter gesundheitlichen Problemen leidende Politikerin wurde die erste Generalsekretärin der neuen Partei. Im März 1969 erreichte die 70 Jahre alte Golda Meir den Höhepunkt ihrer politischen Karriere, als sie zur Nachfolgerin des verstorbenen Ministerpräsidenten Levi Eshkol gewählt wurde. Unbeirrt setzte sie während ihrer Amtszeit auf eine Taktik der militärischen Stärke und zeigte keine Bereitschaft, die im Sechs-Tage-Krieg besetzten Gebiete im Westjordanland, die Golanhöhen, Ost-Jerusalem und die Sinai-Halbinsel im Tausch für eine Friedenslösung wieder aufzugeben. Letztendlich scheiterte Golda Meir am dreiwöchigen Jom-Kippur-Krieg von 1973. Der am höchsten jüdischen Feiertag mit einem Überraschungsangriff durch Syrien und Ägypten begonnene Zweifrontenkrieg brachte das unvorbereitete Land in schwerste Bedrängnis. In erbitterten Kämpfen gelang es den israelischen Streitkräften die Oberhand zu gewinnen. Die hohen Verluste und der erschütterte Mythos von der Unbesiegbarkeit der israelischen Armee verursachten eine Regierungskrise. Die politische und militärische Führung musste wegen schwerer Fehler im Vorfeld des Krieges heftige Kritik einstecken. Zwar wurde die Ministerpräsidentin, die diesen Krieg als »Alptraum« empfand, bei der Wahl zur achten Knesset wieder gewählt, aber wenige Monate später, am 11. April 1974, musste sie von ihrem Amt zurücktreten, das Jitzhak Rabin übernahm. Sie verzichtete auch auf ihren Parlamentssitz und zog sich endgültig in das Privatleben zurück. Als Golda Meir am 8. Dezember 1978 in Jerusalem starb, galt sie als letzte große Persönlichkeit der israelischen Gründergeneration. Heute wird ihre Regierungszeit vor allem wegen ihrer unnachgiebigen Haltung in dem israelisch-arabischen Konflikt und der dadurch ungenutzten Chance zu Friedensgesprächen eher kritisch betrachtet. Ihre fehlende Kompromissbereitschaft pflegte ihr Mitstreiter Ben-Gurion mit ihrer Jugend im antisemitischen Russland zu entschuldigen: »Sie müssen ihr verzeihen, sie hatte eine schwierige Kindheit.«

PEGGY GUGGENHEIM

* 1898 in New York City (New York, USA)
† 1979 in Padua

Kunstsammlerin, Mäzenin und Galeristin

> *»Sehr viele männliche Künstler gaben nicht gerne zu,*
> *dass sie ihren Erfolg zumindest zum Teil Peggy verdankten.«*

(YOKO ONO)

Peggy Guggenheim, die ihr bewegtes Leben in den Autobiografien »Out of This Century« und »Confessions of an Art Addict« schilderte, gehört zu den großen Mäzeninnen der Kunst des 20. Jahrhunderts. Sie besaß eine bedeutende Sammlung surrealistischer und abstrakter Kunst. Zahlreichen Künstlern bot sie die Gelegenheit, ihre Werke erstmals einer breiteren Öffentlichkeit zu präsentieren. Bereits ihr Onkel Solomon R. Guggenheim war ein renommierter Kunstsammler und Stifter des gleichnamigen Museums in New York gewesen. Im Gegensatz zu ihm wollte sie nicht nur Kunstwerke sammeln, sondern wollte auch unter den Künstlern leben und mit ihnen zusammenarbeiten.

Marguerite Guggenheim, genannt Peggy, entstammte der reichen jüdischen Elite New Yorks. Sie kam am 26. August 1898 als Tochter von Florette Seligman und Benjamin Guggenheim in New York zur Welt. Die Guggenheims waren eine äußerst erfolgreiche Industriellenfamilie, während die Seligmans zu den führenden Bankiers in den Vereinigten Staaten gehörten. 1912 kam Benjamin Guggenheim ums Leben: »Es dauerte einige Monate, bis ich den schrecklichen Albtraum vom Untergang der Titanic überwand,« erklärte seine Tochter später, »und ich brauchte Jahre, um über den Verlust meines Vaters hinwegzukommen.«

Als Peggy Guggenheim volljährig wurde, stand für sie fest, dass sie sich nicht den gesellschaftlichen Normen des amerikanischen Großbürgertums unterwerfen würde. Sie arbeitete in einer unkonventionellen New Yorker Buchhandlung, wodurch sie Kontakt zu literarischen und künstlerischen Kreisen der Avantgarde bekam. Nach Aussage ihres Cousins Harold Loeb fühlte sie »sich zweifellos schuldig, weil sie Reichtum geerbt hatte, und versagte sich einige der Annehmlichkeiten, an die sie gewöhnt war. Stattdessen kaufte sie sich die allerneuesten experimentellen Gemälde und gab armen Künstlern und Schriftstellern Geld und etwas zu essen.« Sie lernte den Schriftsteller und Künstler Laurence Vail kennen, den sie 1922 in Paris heiratete. Peggy Guggenheim lebte seitdem in der Pariser Bohème und unter den dortigen zahlreichen Auslandsamerikanern. Aus der stürmisch verlaufenden Ehe mit Vail, die 1932 geschieden wurde, stammten die beiden Kinder Sindbad und Pegeen. Peggy Guggenheim lebte aber schon vor ihrer Scheidung mit dem englischen Literaturkritiker und verhinderten Schriftsteller John Holms zusammen, den sie als die große Liebe ihres Lebens bezeichnete und der bereits 1934 verstarb.

Im Januar 1938 eröffnete sie in London die Kunstgalerie »Guggenheim Jeune«, die sofort in der Kunstszene und beim breiten Publikum ein positives Echo fand. Der Schriftsteller Samuel Beckett, der zeitweise auch ihr Liebhaber gewesen war, hatte ihr geraten, sich der zeitgenössischen Kunst zu widmen, da es sich bei ihr um eine lebendige Kunst handelte. Der französische Maler und Objektkünstler Marcel Duchamp führte sie in die Materie ein. »Was ich ohne ihn getan hätte,« bekannte sie, »weiß ich nicht. Zuerst erklärte er mir den Unterschied zwischen abstrakter und surrealistischer Kunst. Dann lernte ich durch ihn all die Künstler kennen, die ihn vergötterten. (…) Er plante Ausstellungen für meine Galerie und gab mir wertvolle Ratschläge. Ihm allein verdanke ich meine Liebe zur Kunst des 20. Jahrhunderts.« Sie gewöhnte sich an, mindestens ein Werk pro Ausstellung für sich selbst zu kaufen. Zunehmend verwandelte sie sich zu einer selbstsicheren, berufstätigen Frau und begann, sich Liebhaber zu halten. Konventionelle Moralvorstellungen und prüden Klatsch ignorierte sie. Ihre Arbeit stand für sie allerdings immer an erster Stelle. Im Frühjahr 1939 beschloss sie die unrentable Galerie zu schließen und plante ein Museum für moderne Kunst zu eröffnen. »Deshalb dachte ich, wenn ich schon so viel Geld verlor, könnte ich noch mehr opfern, aber für einen wesentlich besseren Zweck.« Scheinbar unbeeindruckt von dem Ausbruch des Zweiten Weltkriegs begann sie Werke für ihr künftiges Museum zu erwerben. Später erinnerte sie sich: »In Paris konnte man damals sehr leicht Bilder kaufen, denn der Krieg war gerade ausgebrochen und die Leute verließen die Stadt. Sie versuchten, ihre Bilder zu verkaufen, sie zu verstecken oder sonst wie loszuwerden. (…) Ich nahm mir vor, nicht mehr als ein Bild pro Tag zu kaufen." Mit diesen Käufen verschaffte sie einigen Künstlern das Geld zur Flucht vor den Nazis. Als sie selbst als Jüdin nicht länger in Frankreich bleiben konnte, kehrte sie mit ihrer Familie und ihren Kunstwerken im Juli 1941 nach New York zurück. In ihrer Begleitung befand sich der surrealistische Maler Max Ernst, den sie noch im selben Jahr heiratete. Die Ehe endete 1946 mit der Scheidung.

Von 1942 bis 1947 führte sie in New York die Galerie »Art of This Century«. Einerseits konnte sie hier ihre private Sammlung zeigen, andererseits fanden in separaten Räumen wechselnde Verkaufsausstellungen mit Werken des Surrealismus und des Abstrakten Expressionismus statt. Bei der Einweihungsfeier trug sie entsprechend der Ausrichtung der Galerie zwei verschiedene Ohrringe. Der eine war von Alexander Calder gestaltet und stand für die abstrakte Kunst, der andere von Yves Tanguy symbolisierte den Surrealismus. In ihrer Galerie stellte sie führende europäische Künstler vor, aber sie bot auch unbekannten jungen amerikanischen Künstlern wie Mark Rothko, Robert Motherwell und Jackson Pollock eine Möglichkeit zur Präsentation. Vom Juli 1943 an unterstützte Peggy Guggenheim den Maler Pollock mit einem monatlichen Stipendium und engagierte sich für seine Kunst. Die Entwicklung der modernen amerikanischen Kunst wurde von ihr und ihrer New Yorker Galerie mitgeprägt.

Da ihr das Leben in den Vereinigten Staaten noch nie besonders gefallen hatte und ihr der materialistische Aspekt der amerikanischen Lebensweise nicht zusagte, schloss Peggy Guggenheim am 31. Mai 1947 ihre New Yorker Galerie, als deren »Sklavin« sie sich am Schluss empfand. Auch in wirtschaftlicher Hinsicht war die Galerie kein Erfolg gewesen.

Nach ihrem Umzug 1947 nach Venedig drückte sie der europäischen Kunstszene ihren Stempel auf. 1948 kaufte Peggy Guggenheim den Palazzo Venier dei Leone am Canal Grande in Venedig und machte ihre Privatsammlung, die sie als eine vorausschauende Kunstexpertin auswies, seit 1951 in den Sommermonaten für die Öffentlichkeit zugänglich. Der Palazzo, in dem sie lebte, entwickelte sich zu einem Museum. Zunehmend beschäftigte sie die Frage, was aus der Sammlung nach ihrem Tod werden würde. 1969 traf sie die Entscheidung, den Palazzo und ihre Sammlung der Solomon-R.-Guggenheim-Stiftung zu übergeben. Die Peggy Guggenheim Collection in Venedig gilt heute noch immer als ein Muss für kunstinteressierte Touristen. Am 23. Dezember 1979 starb sie in Padua.

Leni Riefenstahl

* 1902 in Berlin
† 2003 in Pöcking

Tänzerin, Schauspielerin, Regisseurin und Fotografin

>*»Unwiderstehlich zog es mich nach oben.«*
>
> (Leni Riefenstahl)

Leben und Werk der bedeutenden deutschen Filmregisseurin Leni Riefenstahl lösen bis heute wegen ihrer großen Nähe zum Nationalsozialismus Kontroversen aus. In ihrem Fall lässt sich Talent und Geschichte so gut wie nicht trennen. Sie steht für »die Macht der Bilder«. Die willensstarke Künstlerin konnte auf eine bemerkenswert lange Karriere mit vielen Höhen und Tiefen zurückblicken, als sie kurz nach ihrem 101. Geburtstag am 8. September 2003 in ihrem Haus in Pöcking am Starnberger See verstarb.

Helene Bertha Amalie Riefenstahl, genannt Leni, wurde am 22. August 1902 in Berlin als Tochter des Kaufmanns und Installateurmeisters Alfred Riefenstahl und dessen Frau Bertha geboren. Relativ früh stand für das Mädchen angesichts der sich immer unterordnenden Mutter fest, in ihrem späteren Leben »niemals das Steuer aus der Hand« zu geben. »Nur mein eigener Wille sollte entscheiden.« Entgegen den Wünschen ihres Vaters und mit stiller Unterstützung der Mutter begann sie eine Tanzausbildung. Sie lernte klassisches Ballett und modernen Tanz. 1923 konnte sie als Ausdruckstänzerin erste Erfolge im In- und Ausland feiern. Als eine Knieverletzung im Frühjahr 1924 ihre Tanzkarriere vorerst beendete, beschloss sie ins Schauspielfach zu wechseln. Der Regisseur Arnold Fanck engagierte sie für seinen nächsten Film. Später erinnerte er sich: »Sie kam zu mir wie jedes andere junge Mädchen, das vom Kino begeistert war und Filmstar werden wollte.« Leni Riefenstahl spielte in den kommenden Jahren in Fancks an Originalschauplätzen gedrehten Abenteuer- und Bergfilmen Hauptrollen, obwohl sie keinerlei Schauspielausbildung besaß. Mit den Filmen »Der heilige Berg« (1926), »Der große Sprung« (1927), »Die weiße Hölle vom Piz

Palü« (1929), »Stürme über dem Montblanc« (1930), »Der weiße Rausch« (1931) und »S.O.S. Eisberg« (1933) erlangte Leni
Riefenstahl Popularität. Außer Klettern und Skilaufen erlernte
sie durch die Zusammenarbeit mit Arnold Fanck alles Wissens-
werte über Filmtechnik: »Ich durfte durch die Kamera schauen,
Bildausschnitte aussuchen, lernte Negativ- und Positivmaterial,
das Arbeiten mit verschiedenen Brennweiten, die Wirkung der
Objektive und Farbfilter kennen.«

Ihren Durchbruch als Regisseurin erlebte sie 1932 mit dem
märchenhaften Film »Das blaue Licht«. Der Film, in dem sie die
weibliche Hauptrolle spielte und den sie auch teilweise selbst
finanzierte, erhielt bei dem Filmfestival in Venedig die Silbermedaille. Ihr Werk erregte die Aufmerksamkeit von Adolf
Hitler, dem Parteichef der NSDAP, mit dem sie im Mai 1932
erstmals zusammentraf und mit dem sie sich anfreundete. Obwohl sie selbst kein NSDAP-Mitglied war, drehte sie nach der
Machtübernahme der Nationalsozialisten einen Dokumentar-
film über den Reichsparteitag der NSDAP in Nürnberg. Laut
Propagandaminister Joseph Goebbels war sie »die einzige von
all den Stars, die uns versteht.« Dem Propagandafilm »Sieg des
Glaubens« von 1933 folgte der Film »Triumph des Willens« über
den NS-Parteitag von 1934 in Nürnberg, für den sie sechzehn
Kamerateams und über 100 Mitarbeiter einsetzen konnte. Der
Film mit seinem vielfältigen Bilderrhythmus, seiner mythischen
Atmosphäre und dem effektvollen Einsatz von Licht und Musik
gilt bis heute als einer der bekanntesten und wirkungsvollsten
Propagandafilme. 1935 folgte noch ein dritter Parteitagsfilm mit
dem Titel »Tag der Freiheit«, der die Wehrmacht in den Mittelpunkt stellte. Nach dem Ende des Dritten Reiches wollte Leni
Riefenstahl in den drei Filmen keine faschistische Propaganda
sehen, sondern behauptete, dass es reine und zudem künstlerisch sehr gelungene Dokumentarfilme seien. Auf dem Höhepunkt ihrer Karriere erhielt die Regisseurin von dem Reichskanzler und Führer Adolf Hitler den Auftrag, die Olympischen
Spiele in Berlin filmisch zu verewigen. Ihr aus zwei eigenständigen Teilen – »Fest der Völker« und »Fest der Schönheit« – be-
stehender Film über die Olympiade von 1936 wird wegen seiner
Verherrlichung des menschlichen Körpers als Aushängeschild
der faschistischen Ästhetik betrachtet. Trotzdem wurden die
Filme, die die filmische Sportreportage quasi erst erschufen,
mehrfach ausgezeichnet. Das Internationale Olympische Komitee verlieh der Regisseurin für ihre Arbeit 1939 nachträglich

eine olympische Goldmedaille. Welche Bedeutung das national-sozialistische Regime den Olympia-Filmen zumaß, wird daran deutlich, dass sie 1938 zu Ehren von Hitlers Geburtstag erstmals öffentlich in Anwesenheit der ganzen politischen Prominenz des NS-Staates vorgeführt wurden. Auch ihr nächster 1940 begonnener Film »Tiefland«, der auf der gleichnamigen Oper von Eugen d'Albert basierte und erst 1954 nach vierzehnjähriger Arbeit fertiggestellt wurde, ist eng mit der Geschichte des Dritten Reiches verknüpft, da für die Dreharbeiten Sinti und Roma vorübergehend aus Konzentrationslagern geholt wurden, um unentgeltlich als »menschliche Filmdekoration« zu dienen. 1944 heiratete Leni Riefenstahl den Major Peter Jacob. Diese Ehe wurde drei Jahre später wieder geschieden.

Nach dem Ende des Zweiten Weltkriegs musste Leni Riefenstahl mehrere Entnazifizierungsverfahren durchlaufen, in denen die Lieblingsregisseurin des Führers aber nur als Mitläuferin eingestuft wurde. Ab 1948 setzte eine Reihe von Prozessen ein, in denen sie wegen Propagandatätigkeit für das NS-Regime angeklagt wurde. Im Gegensatz zu anderen erfolgreichen Künstlern im Dritten Reich war es für sie in der Nachkriegszeit nicht mehr möglich, Filme zu drehen, da sie nicht das nötige Geld für derartige Projekte erhielt. Dies lag nicht nur daran, dass das Bild der schuldlosen Künstlerin dank vieler kritischer Presseartikel nicht mehr aufrechterhalten werden konnte, sondern auch an ihrem Ruf als unberechenbare Regisseurin mit ineffizienter Arbeitsweise. Die Künstlerin stieg daraufhin auf die Fotografie um. In den siebziger Jahren brachte sie zwei international viel beachtete Bildbände über den sudanesischen Stamm der Nuba heraus, bei dem sie monatelang gelebt hatte. Mit 71 Jahren lernte Leni Riefenstahl noch tauchen und begann sich mit Unterwasseraufnahmen zu beschäftigen. 1978 erschien ihr Fotoband »Korallengärten« mit Unterwasseraufnahmen aus tropischen Gewässern, 1990 der Fotoband »Wunder unter Wasser«.

In ihren 1987 veröffentlichten Memoiren stellte sich Leni Riefenstahl als unpolitisches Genie dar, behauptete, dass sie von Politik nie etwas verstanden habe, und beharrte auf einer rein künstlerischen Motivation bei ihren propagandistischen Dokumentarfilmen. Obwohl das rund 900 Seiten starke Buch von der Kritik negativ besprochen wurde, wurde es in vierzehn Sprachen übersetzt und im Ausland, vor allem in Japan und in den Vereinigten Staaten, ein großer Verkaufserfolg. 1992/93 wirkte sie an ihrer Filmbiografie »Die Macht der Bilder« mit, die beste Kritiken und den Fernseh-Oscar »Emmy« in den Vereinigten Staaten erhielt. Im Verlauf der Neunziger Jahre wurden u. a. in Tokyo, Mailand und Rom umfassende Werkschauen ihrer Arbeiten gezeigt, 1999 folgte eine Ausstellung über ihr Lebenswerk im Filmmuseum Potsdam.

JOSEPHINE BAKER

* 1906 in St. Louis (Missouri, USA)
† 1975 in Paris

Tänzerin, Sängerin und Schauspielerin

>*Sie ist die Nofretete der Gegenwart.*«
(PABLO PICASSO)

Josephine Baker, die zum Inbegriff des Jazz-Zeitalters wurde, war der erste internationale schwarze Star. Die Künstlerin, die mit ihren Revuen gute Laune zu verbreiten verstand, hatte in ihrem Privatleben oft genug erfahren müssen, dass das Leben kein Spaß ist.

Sie wurde als uneheliche Tochter des Schlagzeugers Eddie Carson und der Waschfrau Carrie McDonald am 3. Juni 1906 in St. Louis im amerikanischen Bundesstaat Missouri geboren. Josephine Freda McDonald wuchs in ärmlichen Verhältnissen im schwarzen Ghetto auf. Ihr Vater setzte sich bereits 1907 ab. Nach der Heirat ihrer Mutter mit Arthur Martin 1911 vergrößerte sich die Familie um weitere Kinder. Als älteste Tochter musste Josephine bereits als Achtjährige als Haushaltshilfe bei weißen Familien arbeiten. Ein prägendes Erlebnis waren für sie die Rassenunruhen am 2. Juli 1917 in St. Louis, die mit zu den schlimmsten in der nordamerikanischen Geschichte gehörten. Aufgehetzte Weiße drangen in das Viertel ein, in dem Josephines Familie lebte, und richteten ein Massaker unter den Afroamerikanern an. Als Dreizehnjährige begann Josephine als Kellnerin zu arbeiten und heiratete den Gießereiarbeiter Willie Wells. Diese Ehe hielt aber nur wenige Wochen. 1919 entdeckte sie ihre Liebe zur Musik und zum Tanz. Tanzen war ihrer Ansicht nach »die beste Art«, um sich »warm zu halten«. Sie schloss sich einer Wandertruppe an, mit der sie in den Südstaaten unterwegs war. 1921 heiratete sie den Zugbegleiter Willie Baker, den sie zwar wenige Jahre später verließ, aber dessen Nachnamen sie zeitlebens behielt.

Noch im Jahr ihrer zweiten Heirat kam Josephine Baker nach New York, wo damals das erste von Schwarzen komponierte Musical »Shuffle Along« von sich reden machte. Es gelang ihr dort als Chorus-Girl aufgenommen zu werden. Schon bald fiel sie durch ihre Clownerien, ihre wild durcheinander zappelnden Arme und Beine sowie durch ihr kunstvolles Schielen auf. Sie wurde zum Publikumsliebling. 1924 gehörte sie bereits zu den Hauptdarstellern in der schwarzen Revue »The Chocolate Dandies« am Broadway. Ihre Gage stieg zusehends, so dass sie ihre Familie in St. Louis finanziell unterstützen konnte. Nach Auftritten im New Yorker Plantation Club verpflichtete sie sich für »La Revue Nègre« in Paris, die am 2. Oktober 1925 im mondänen Théâtre des Champs-Elysées ihre sensationelle Premiere hatte. Die Revue spielte fast zwei Monate in Paris, bevor sie auf Europa-Tournee ging. Über Nacht war Josephine Baker zum Star geworden. Das französische Publikum war von dieser exotischen, weitgehend nackten Tänzerin fasziniert. Der Tanzkritiker André Levinson schrieb begeistert über die als schwarze Venus Bezeichnete: »An ihren wahnwitzigen Zuckungen, wilden Verrenkungen und Luftsprüngen scheint der Rhythmus sich zu entzünden. Sie war es, die dem gebannten Drummer und dem faszinierten Saxophonisten den harten Rhythmus des ‚Blues' diktierte. Es war, als fange der Jazz die Schwingungen dieses Körpers im Fluge auf und interpretiere dessen phantastischen Monolog Wort für Wort.« 1926 und 1927 war Josephine Baker der Star in den Revuen der Folies Bergère. In der Revue »La Folie du Jour« tanzte sie erstmals ihren berühmten Bananentanz in einem Röckchen aus sechzehn Bananen, der zu ihrem Erkennungszeichen wurde.

1926 lernte sie den Sizilianer Giuseppe Pepito Abatino kennen, der sich als Graf Di Albertini ausgab. Abatino wurde Josephine Bakers Geliebter und Manager. Als geschickter Presseagent formulierte er die Legende ihrer Vergangenheit, brachte ihre Finanzen in Ordnung, sorgte für lukrative Werbeverträge und verschaffte ihr einen Filmvertrag für »La Sirène des Tropiques«. »Endlich hatte ich jemanden, der mir half, mich durchzukämpfen«, erklärte sie. Damals erschien auch ihre erste sogenannte Autobiografie unter dem Titel »Les Mémoires de Joséphine Baker«, im Laufe der Jahre sollten noch weitere folgen.

Auf einer langen Tournee durch Europa und Südamerika, zu der sie 1928 startete, musste sie aber auch heftigen Widerstand und Ablehnung erleben. Ihre Kostüme und Tänze wurden als kulturelle Schande gebrandmarkt, und sie erhielt in einigen Städten sogar Auftrittsverbote. Ab 1930 trat Josephine Baker vor allem als Sängerin in Erscheinung und nahm Lieder für die Schallplattenfirma Columbia Records auf. Zu ihren erfolgreichsten Liedern gehörten »J'ai deux amours«, »Aux Îles Hawai« und »Pretty Little Baby«. Außerdem spielte sie Hauptrollen in französischen Kinofilmen wie »Zou-Zou« (1934) und »Princesse Tam-Tam« (1935). Während sie in Frankreich zur erfolgreichsten amerikanischen Entertainerin aufstieg, schlugen ihr 1936 bei ihren Showauftritten in den Vereinigten Staaten rassistische Ressentiments und Verachtung entgegen.

Durch die Heirat mit dem jüdischen Industriellen Jean Lion 1937 nahm sie die französische Staatsbürgerschaft an. Diese Ehe wurde 1942 geschieden. Den Zweiten Weltkrieg verbrachte Josephine Baker in Frankreich und Nordafrika. »Solange die Deutschen auf französischem Boden stehen«, erklärte die überzeugte französische Neubürgerin, »werde ich in meiner Heimat nicht mehr singen.« Sie trat vor französischen Truppen auf und arbeitete für die Résistance und den Geheimdienst, wofür sie nach Kriegsende mit der »Medaille de la Résistance« und dem »Croix de Guerre« ausgezeichnet wurde.

1947 heiratete sie ihren französischen Orchesterleiter Jo Bouillon, mit dem sie bis 1961 verheiratet war. Das Paar adoptierte zwölf Waisenkinder unterschiedlicher Hautfarbe und Herkunft. Auf diese Weise gründete Josephine Baker eine Familie, mit der sie auf Schloss Les Milandes im südfranzösischen Perigord lebte. Die »Regenbogensippe« sollte ein Zeichen gegen Rassenhass und nationalen Wahn werden. Der Unterhalt des Anwesens, zu dem ein Hotel, ein Nachtklub, ein Musterbauernhof und ein Freizeitpark gehörten, kostete Unsummen. Aufgrund der Schulden musste das Schloss 1969 zwangsversteigert werden.

Obgleich sie in Frankreich lebte, engagierte sie sich schon in den fünfziger Jahren in der amerikanischen Bürgerrechtsbewegung. Bei ihrer Amerika-Tournee 1951 weigerte sich die Künstlerin vor nach Rasse getrenntem Publikum aufzutreten oder in nach Rasse aufgeteilten Hotels zu schlafen. Es gelang ihr, die Öffnung einiger Einrichtungen für Afroamerikaner durchzusetzen. Dafür wurde sie von der National Association for the Advancement of Coloured People zur herausragendsten Frau des Jahres ernannt.

Nach mehreren Comeback-Versuchen gelang ihr mit der Gala »Joséphine« zu ihrem fünfzigjährigen Bühnenjubiläum wieder ein großer Erfolg. Am 8. April 1975 hatte die Show in Paris Premiere. Die von ihr geplante Welttournee konnte nicht mehr realisiert werden, da Josephine Baker am 12. April 1975 an den Folgen einer Gehirnblutung in Paris verstarb.

Maria Goeppert-Mayer

* 1906 in Kattowitz
† 1972 in San Diego (Kalifornien, USA)

Physikerin und Nobelpreisträgerin

>*Eine verheiratete Wissenschaftlerin braucht einen*
verständnisvollen Partner. Der richtige Ehemann
für eine Frau mit einer Karriere in den Naturwissenschaften ist
ein Wissenschaftler.«

(Maria Goeppert-Mayer)

Maria Goeppert-Mayer bekam als erste Frau einen Nobelpreis in theoretischer Physik. Sie war erst die zweite Frau, die überhaupt einen Nobelpreis für Physik erhielt. 60 Jahre nach Marie Curie wurde ihr am 10. Dezember 1963 der Preis für ihre Entdeckungen zur Schalenstruktur des Atomkerns überreicht.

Die Nobelpreisträgerin wurde am 28. Juni 1906 im damals oberschlesischen Kattowitz in eine Familie hineingeboren, die bereits mehrere Generationen von Professoren hervorgebracht hatte. Sie war das einzige Kind des späteren Medizinprofessors Friedrich Goeppert und seiner Ehefrau Maria Wolff, einer ehemaligen Lehrerin für Sprachen und Musik. 1910 zog die Familie nach Göttingen, da Friedrich Goeppert dort einen Lehrstuhl für Kinderheilkunde erhalten hatte. Der fortschrittlich eingestellte Vater wollte, dass seine Tochter einen interessanten Beruf ergriff und sich nicht mit der Rolle einer Hausfrau und Mutter zufrieden gab, deshalb lautete sein Credo: »Werde nie eine Frau, wenn du groß bist.«

»Es wurde nie diskutiert zwischen meinen Eltern und mir, es war irgendwie selbstverständlich, dass ich an die Universität gehen würde«, erinnerte sich Maria Goeppert-Mayer später. »Aber zu jener Zeit war das nicht so ganz einfach für ein Mädchen.« In Göttingen gab es damals nur eine von Frauenrechtlerinnen betriebene Privatschule, die Mädchen auf das Abitur vorbereitete. Da diese Schule ein Jahr vor Maria Goepperts Reifeprüfung aus finanziellen Gründen geschlossen wurde, musste sie sich mit Privatunterricht auf das Abitur vorbereiten und dieses vor Lehrern in Hannover ablegen, die sie nicht kannte.

Das begabte junge Mädchen studierte nach seinem Abitur 1924 zunächst Mathematik in Göttingen, bevor es zur Physik überwechselte. In beiden Fächern zählten die in Göttingen tätigen Wissenschaftler zu den herausragenden Koryphäen ihrer Zeit. Abgesehen von einem Semester, das Maria Goeppert in England an der Universität in Cambridge verbrachte, absolvierte sie ihr ganzes Studium in Göttingen.

Nach dem Tod des Vaters 1927 begann Marias Mutter Zimmer an Studenten zu vermieten. Unter den Mietern befand sich auch der Amerikaner Joseph Edward Mayer, der physikalische Chemie in Göttingen studierte. 1930 promovierte Maria Goeppert bei dem späteren Nobelpreisträger Max Born über Doppel-Photonen-Prozesse, einen quantenphysikalischen Effekt. Kurz davor hatte sie Joseph Mayer geheiratet. Nach dem Abschluss ihrer Prüfungen ging sie mit ihm nach Baltimore, wo er eine außerordentliche Professur an der Johns Hopkins University bekam.

Amerika entpuppte sich in beruflicher Hinsicht für Maria Goeppert-Mayer, die gleich ihrem Ehemann für eine Universitätslaufbahn bestens qualifiziert war, als Enttäuschung. Während der Depressionszeit gab es keine bezahlte Stelle für die Ehefrau eines Professors. Außerdem verboten die Nepotismus-Regeln die gleichzeitige Beschäftigung von Eheleuten. Die junge Wissenschaftlerin ergab sich in ihr Schicksal und wurde für ein paar hundert Dollar als Deutschkorrespondentin eines Physikprofessors tätig. Daneben arbeitete sie »aus dem bloßen Vergnügen heraus, Physik zu betreiben«, unentgeltlich wissenschaftlich weiter. Zufrieden war sie damit zwar nicht, aber sie war auch nicht besonders kämpferisch veranlagt. 1933 und 1938 bekam sie ihre Tochter Marie Ann und ihren Sohn Peter Conrad. Die Geburt ihrer Tochter nahm sie zum Anlass, die amerikanische Staatsbürgerschaft zu erwerben. Im Laufe der Zeit wandte sie ihr Interesse immer mehr der physikalischen Chemie zu. 1939 zog die Familie nach New York, wo Joseph Mayer einen Ruf an die Columbia University erhalten hatte. Zusammen mit ihrem Mann, der sie dazu anhielt, weiter wissenschaftlich zu arbeiten, schrieb sie das Lehrbuch »Statistical Mechanics«. Das 1940 publizierte Buch entwickelte sich zu einem Klassiker.

Als die Vereinigten Staaten 1941 in den Zweiten Weltkrieg eintraten, wurden alle verfügbaren Naturwissenschaftler für Kriegsziele herangezogen. Maria Goeppert-Mayer wurde bei dem Geheimprojekt SAM eingesetzt, wo sie an der Gewinnung des »Sprengstoffs« für die Atombombe mitarbeitete. Nach dem Krieg gingen sie und ihr Ehemann 1946 nach Chicago. Als unbezahlte Professorin an der University of Chicago und im Argonne National Laboratory entwickelte Maria Goeppert-Mayer ihre Theorie vom zwiebelartigen Aufbau des Atomkerns, den man sich bis zu diesem Zeitpunkt unstrukturiert vorgestellt hatte. 1948 hatte sie begonnen sich mit den sogenannten »magischen« Zahlen zu beschäftigen. In diesem Zusammenhang stellte sie das »Schalenmodell« auf. Zeitgleich und völlig unabhängig hatte auch der Physik-Professor Hans D. Jensen in Heidelberg daran gearbeitet und war zur gleichen Lösung gelangt. Die beiden Wissenschaftler trafen sich erstmals 1950 und schrieben schließlich 1955 zusammen über ihre Theorie das Buch »Elementary theory of nuclear shell structure« (Elementare Theorie der nuklearen Schalenstruktur). Für diese Arbeit erhielten die beiden Physiker 1963 die eine Hälfte des Nobelpreises für Physik, während die andere Hälfte an Eugene Paul Wigner ging.

Drei Jahre vorher hatte Maria Goeppert-Mayer einen Lehrstuhl für Physik an der University of California in La Jolla/San Diego erhalten, wo auch ihr Ehemann einen Lehrstuhl für Chemie bekam. Es war dies nach 30 Jahren ihre erste reguläre akademische Anstellung als Professorin für Physik. Seit sie in San Diego tätig war, engagierte sich die Professorin verstärkt dafür, dass sich Frauen für ein naturwissenschaftliches Studium und eine Karriere auf diesem Gebiet entschieden. In einem Vortrag 1965 erklärte sie: »Die Naturwissenschaften sind eigentlich ein vortreffliches Gebiet zum Frauenstudium, besonders die Physik oder die Chemie. (…) Es gibt keinen Grund zu glauben, dass Frauen hier weniger leistungsfähig sind als Männer und dass eine intelligente, gut ausgebildete Frau nicht einen bedeutenden naturwissenschaftlichen Beitrag bringen kann.« Sie räumte allerdings ein, dass die Vereinbarkeit von Familie und Beruf schwierig sei: »Natürlich ist die Kombination von Kindern und Berufsarbeit nicht ganz einfach. Es gibt einen emotionalen Druck entsprechend der widerstreitenden Loyalitäten zur Wissenschaft einerseits und den Kindern andererseits, die schließlich eine Mutter brauchen. Ich habe diese Erfahrung voll und ganz gemacht.«

Von einer plötzlichen Herzattacke im Dezember 1971 erholte sich Maria Goeppert-Mayer nicht mehr, am 20. Februar 1972 starb sie in San Diego.

Hannah Arendt

* 1906 in Linden/Hannover
† 1975 in New York City (New York, USA)

Philosophin

>*Sie war leidenschaftlich moralisch, aber überhaupt nicht
moralistisch. Was sie auch immer zu sagen hatte, war wichtig,
oft provokativ, manchmal auch falsch, aber nie trivial,
nie gleichgültig, nie mehr zu vergessen.*«

(Hans Jonas)

Johanna Arendt wurde am 14. Oktober 1906 in Linden bei
Hannover als Tochter des Ingenieurs Paul Arendt und dessen
Ehefrau Martha Cohn geboren. Sie wuchs in einem jüdisch-
assimilierten Elternhaus mit sozialdemokratischer Prägung
auf. Nach der schweren Erkrankung von Paul Arendt zog die
dreiköpfige Familie wieder nach Königsberg, woher Hannahs
Eltern stammten. Hannah Arendts Kindheit war von der Krankheit des Vaters und dessen frühem Tod, als sie sieben Jahre war,
überschattet.

Von 1924 bis 1928 studierte sie Philosophie, Theologie und
Klassische Philologie in Marburg, Freiburg im Breisgau und
Heidelberg. Ihre Professoren waren Martin Heidegger, Edmund
Husserl und Karl Jaspers. Mit dem verheirateten Heidegger, für
den sie eine »starre Hingegebenheit« empfand, verband sie eine
unglücklich verlaufende, geheime Liebesbeziehung. 1928 promovierte sie bei Karl Jaspers über den »Liebesbegriff bei Augus-
tin«. Jaspers war für sie ein väterlicher Freund, dem sie lebenslang eng verbunden blieb und mit dem sie jahrzehntelang in
Briefwechsel stand. Nach ihrer Übersiedlung nach Berlin 1929
heiratete Hannah Arendt den Philosophen Günther Stern. Diese
Ehe wurde 1937 wieder geschieden. Mit Hilfe eines Stipendiums
begann sie mit ihren Forschungen zur deutschen Romantik. Ihre
Studien waren 1933 weitgehend abgeschlossen, erschienen aber
erst 1959 unter dem Titel »Rahel Varnhagen. Lebensgeschichte
einer deutschen Jüdin aus der Romantik«. Sie setzte sich darin existenzphilosophisch mit der Gedankenwelt einer Jüdin
aus dem frühen 19. Jahrhundert und den Bedingungen der ge-

sellschaftlichen Assimilation von Juden auseinander. Hannah Arendt fühlte sich Rahel Varnhagen verwandt und bezeichnete diese einmal als »meine wirklich beste Freundin, die nur leider schon 100 Jahre tot ist«.

Nach Hitlers Machtergreifung und einer kurzen Verhaftung 1933 floh sie aus Berlin über Karlsbad, Prag und Genf nach Paris. In der französischen Hauptstadt arbeitete sie bei verschiedenen jüdischen Organisationen und streifte die weitgehend unpolitische Haltung ihrer Universitätszeit ab: »Ich dachte, wenigstens habe ich etwas gemacht! Wenigstens bin ich nicht unschuldig. Das soll mir keiner nachsagen!« 1935 unternahm sie eine erste Reise nach Palästina. Im Januar 1940 heiratete sie den Journalisten Heinrich Blücher, der wie sie ein deutscher Emigrant war und als Kommunist verfolgt wurde. In den kommenden Jahren wurde er für sie ein sehr wichtiger Gesprächspartner. Sie erklärte selbst, »dass ich dank meines Mannes politisch denken und historisch sehen gelernt habe und dass ich andererseits nicht davon abgelassen habe, mich historisch wie politisch von der Judenfrage her zu orientieren.« Nach einer mehrwöchigen Internierung im südfranzösischen Auffanglager Gurs schaffte sie es 1941 mit ihrem Ehemann und ihrer Mutter über Lissabon in die Vereinigten Staaten von Amerika zu emigrieren.

Ohne nennenswerte Englischkenntnisse und nach großen Anfangsschwierigkeiten gelang es ihr, für die deutsch-jüdische Wochenzeitschrift »Aufbau« Beiträge zur »Jüdischen Frage« zu schreiben. Von 1944 bis 1946 war sie Forschungsleiterin der Conference on Jewish Relations, danach für drei Jahre Cheflektorin beim Salman Schocken Verlag. 1948 wurde Hannah Arendt Direktorin der Jewish Cultural Reconstruction Organization, die sich der Rettung jüdischen Kulturgutes in Europa widmete. In dieser Funktion kam sie auf einer sechsmonatigen Europareise 1949/50 erstmals wieder nach Deutschland, wo sie jedoch den Mangel an politischer Aufarbeitung der Vergangenheit als bestürzend empfand. Enttäuscht war sie aber auch von der rechtszionistischen Politik des neuen Staates Israel, weshalb sie sich dem Zionismus als Ideologie nicht mehr verpflichtet sah. 1951 erhielt sie die amerikanische Staatsbürgerschaft, die ihr sehr wertvoll war. Sie war dankbar dafür, in einem Land leben zu können, wo sie »die Freiheit hatte, Staatsbürgerin zu werden, ohne den Preis der Assimilation zahlen zu müssen.« Erst in späteren Jahren kamen bei ihr angesichts der politischen Entwicklung Zweifel an ihrem positiven Amerika-Bild auf. Deutsch blieb für sie immer die Sprache ihrer philosophischen und poetischen Heimat; denn es war »ja nicht die deutsche Sprache gewesen, die verrückt geworden ist.« Sie wirkte als Professorin und Gastprofessorin an zahlreichen amerikanischen Universitäten, darunter so namhaften wie Princeton, Harvard und Berkeley, obwohl sie von dem amerikanischen Universitätsleben nicht sonderlich angetan war und sie eigentlich nie Professorin werden wollte: »Ich kann einfach nicht fünfmal in der Woche in der Öffentlichkeit stehen.«

1951 veröffentlichte sie ihr Hauptwerk »Origins of Totalitarianism«, das 1955 unter dem Titel »Elemente und Ursprünge totaler Herrschaft« auch in Deutschland erschien. In diesem Buch, das sie ihrem Ehemann widmete, verband sie die Entstehungsbedingungen von nationalstaatlichem Totalitarismus im 19. Jahrhundert mit der Entstehung des Antisemitismus. Außerdem untersuchte sie die strukturelle Gleichheit von Faschismus und Stalinismus. Mit dieser Arbeit etablierte sie sich international als eine bedeutende gesellschafts- und politikwissenschaftliche Theoretikerin. Auf die plötzlich über sie hereinbrechende öffentliche Anerkennung reagierte sie überrascht und meinte gegenüber ihrem ehemaligen Lehrer Karl Jaspers: »Schrieb ich Ihnen, dass ich für eine Woche zum Covergirl avancierte und mich auf allen News-stands sehen musste?« 1960 erschien ihre Untersuchung »Vita activa oder vom tätigen Leben«, worin sie drei Typen menschlicher Aktivität, nämlich Arbeit, Herstellen und Handeln, unterschied. Hannah Arendt kam zu dem Schluss, dass seit dem Beginn der Moderne die Arbeit zu Lasten der politischen Handlungsfreiheit überhöht werde. 1961 berichtete sie für die Zeitschrift »New Yorker« über den Eichmann-Prozess in Jerusalem. Ihre Beiträge lösten wegen ihrer Kritik am Verhalten der Judenräte während des Dritten Reichs sowie der Darstellung Adolf Eichmanns und seiner Motive eine heftige Kontroverse aus. 1963 erschienen ihre Beiträge in Buchform unter dem Titel »Eichmann in Jerusalem. Ein Bericht über die Banalität des Bösen«. Sie widersprach darin der Vorstellung, dass hinter dem Bösen eine dämonische Willenskraft stünde. Außerdem veröffentlichte sie eine Untersuchung über die revolutionäre Begründung der Vernichtung politischer Herrschaft unter dem Titel »Über die Revolution«. 1970 publizierte sie die Studie »Macht und Gewalt«. Fünf Jahre nach dem Tod ihres Ehemannes, der für sie einen tiefen Einschnitt bedeutete, verstarb Hannah Arendt am 4. Dezember 1975 in New York. Auf die Frage, ob sie mit ihren Arbeiten eine Wirkung erzielen wolle, hatte sie 1964 geantwortet: »Ich selber wirken? Nein, ich will verstehen. Und wenn andere Menschen verstehen – im selben Sinne, wie ich verstanden habe –, dann gibt mir das eine Befriedigung wie ein Heimatgefühl.«

Elly Beinhorn

* 1907 in Hannover
† 2007 in Ottobrunn/München

Flugpionierin

>*Ich hatte das Glück, in einer Zeit fliegen zu dürfen,*
als das wirklich noch ein Abenteuer war. Ich habe noch diese
herrlichen, unabhängigen Zeiten erlebt,
als man am Himmel ganz für sich alleine war!«

(Elly Beinhorn)

Im Rückblick sah die Luftfahrtpionierin Elly Beinhorn, die zahlreiche Langstreckenflugrekorde aufgestellt und als erste Frau im Alleinflug die Welt umrundet hatte, den Antrieb für ihr rastloses Fliegerleben in ihrer Kindheit begründet: »Es waren zwei Tatsachen aus meiner Kindheit: dass ich einziges Kind bin und dass ich mitten zwischen hohen Häusermauern in einer Großstadt aufwuchs. Das eine oder das andere allein hätte wohl nicht genügt, mich über alle Hindernisse hinweg in Bewegung zu setzen. In einer Kinderstube voll mit Geschwistern wäre mir sicher früh genug der Drang nach draußen wegpoliert worden. Und ein Aufwachsen auf dem Lande hätte mich gar nicht dazu kommen lassen, immer noch mehr und noch mehr Natur und Luft und Freiheit haben zu wollen.«

Elly Beinhorn wurde am 30. Mai 1907 als Tochter des Kaufmanns Hans Beinhorn und seiner Ehefrau Auguste in Hannover geboren. Ein Vortrag des Ozeanfliegers Hermann Köhl im Frühherbst 1928 hinterließ einen solch tiefen Eindruck bei der Einundzwanzigjährigen, dass sie sich um die Aufnahme an der Sportfliegerschule in Berlin-Staaken bemühte, nachdem der Hannoversche Aeroclub es abgelehnt hatte, eine Frau auszubilden. Ihre Eltern waren damit zunächst keineswegs einverstanden: »Vater ersuchte meine Mutter in allem Ernst, mich bei einem Nervenarzt auf meinen Geisteszustand untersuchen zu lassen. Mutter schwamm tagelang in Tränen. Der Gedanke mit dem Nervenarzt kam dann doch nicht zur Ausführung.« Neben dem Fliegen wurde sie auch in Motoren-, Wetter- und Instrumentenkunde unterwiesen und erhielt eine Einführung in

das Luftfahrtgesetz. Im Frühjahr 1929 erwarb sie den Sportflug-
zeugführerschein, dem wenig später der Kunstflugschein an der
Fliegerschule Würzburg folgte. Die Blindflugberechtigung, der
B-1 Schein für schwerere einmotorige Landflugzeuge und der
Führerschein für kleinere Seeflugzeuge kamen hinzu.

Von ihrem Ersparten kaufte sie sich eine gebrauchte Messerschmitt M 23b, einen Tiefdecker. Um das nötige Geld zur
Finanzierung eines Langstreckenflugs zu verdienen, machte sie
Reklameflüge. Schließlich erhielt sie von dem österreichischen
Forscher Dr. Hugo Adolf Bernatzik und Prof. Dr. Bernhard
Struck vom Dresdener Museum für Völkerkunde den Auftrag,
für sie Luftaufnahmen bei einer Expedition in Westafrika zu
machen. Am 4. Januar 1931 startete Elly Beinhorn, die inzwischen eine gebrauchte Klemm Kl 26 flog, zu ihrem ersten großen Alleinflug nach Afrika. Er führte sie über 7.000 km bis in
das heutige Guinea-Bissau. Auf ihrem Rückflug im März musste
sie wegen einer gebrochenen Ölleitung zwischen Bamako und
Timbuktu notlanden. Sie fand Aufnahme bei einem Stamm
der Songhai und überstand einen mehrtägigen Marsch durch
die Wüste nach Timbuktu. Sie musste erkennen: »Meine Not-
landung hat mehr Schlagzeilen gebracht als die tollste Flugleis-
tung.« Von ihrer Maschine konnten nur der Motor und die In-
strumente gerettet werden. Eine Berliner Tageszeitung stellte ihr
ein neues Flugzeug zur Verfügung, mit dem sie von Casablanca
aus nach Deutschland zurückflog. Am 29. April 1931 landete sie
in Berlin-Staaken.

Bereits am 4. Dezember 1931 wagte sie, nachdem sie die nöti-
gen finanziellen Mittel durch Vorträge, Zeitungsartikel und Interviews sowie durch Sponsoren zusammengebracht hatte, ihren
nächsten großen Flug. Sie umrundete als erste Frau im Alleinflug
die Welt. Über die Balkanroute flog sie nach Delhi und Kalkutta,
von dort setzte sie ihren Flug nach Bangkok und Singapur fort.
Von Java aus startete sie nach Port Darwin in Australien, dann
reiste sie von Sydney aus zu Schiff mit ihrem zerlegten Klemm-
Flugzeug nach Panama, wo sie ihren Flug über die Kordilleren
zur Ostküste Südamerikas fortsetzte. Von Argentinien aus ging
es per Schiff zurück nach Bremerhaven und am 26. Juli 1932
landete sie mit ihrem Flugzeug in Berlin. Reichspräsident Paul
von Hindenburg zeichnete sie mit dem Hindenburgpokal aus,
der höchsten deutschen Auszeichnung für fliegerische Leistungen. Das damit verbundene Preisgeld benötigte sie dringend,
um ihre Schulden abzahlen zu können: »Der Hindenburgpokal

mit seinem Preis von 10 000 Mark und eine unerwartete Zuwendung vom Reichsverband der Flugzeugindustrie für den Werbewert meines Fluges machten mich wieder flott und es dauerte nicht lange, dann funkelte aufs Neue die Sonne eines anderen Erdteils auf meinen Flügeln.« Sie unternahm weitere Alleinflüge mit ihrem neuen Klemm-Sportflugzeug, die sie nach Afrika sowie nach Nord-, Mittel- und Südamerika führten.

Für die deutsche Luftfahrtindustrie absolvierte sie mit einer neu entwickelten Maschine des Typs »Messerschmitt Bf 108« Langstreckenflüge und konnte dabei die vorzüglichen Eigenschaften der Maschine unter Beweis stellen. Am 13. August 1935 flog sie mit der Messerschmitt Me 108 »Taifun« an einem Tag von Gleiwitz in Schlesien auf die asiatische Seite des Bosporus und zurück nach Berlin-Tempelhof und bewältigte dabei 3.470 km in dreizehneinhalb Stunden. Der bekannte Jagd- und Kunstflieger Ernst Udet beglückwünschte sie mit den Worten: »Das hast du ja ganz nett gemacht.« Am 6. August 1936 absolvierte sie einen Rekordflug, der sie innerhalb von 24 Stunden über drei Kontinente führte, nämlich Damaskus – Kairo – Athen – Berlin.

Am 13. Juli 1936 heiratete sie die Liebe ihres Lebens, den bekannten Rennfahrer Bernd Rosemeyer, was sie aber nicht von ihrer Testfliegerei abhielt. Für die Presse bildeten die Fliegerin und der Rennfahrer ein Traumpaar. Nur zehn Wochen nach der Geburt des gemeinsamen Sohnes Bernd verunglückte ihr Ehemann Ende Januar 1938 bei einem Weltrekordversuch tödlich. Mittels Fliegen und eines von ihr verfassten Erinnerungsbuchs versuchte sie den Verlust zu bewältigen. Im September 1941 heiratete sie den Industriekaufmann Dr. Karl Wittmann. Ein Jahr später kam die heiß ersehnte Tochter Stefanie zur Welt. Im Gegensatz zu anderen bekannten deutschen Fliegerinnen flog sie während des Zweiten Weltkriegs nicht für die Luftwaffe, da sie zwei kleine Kinder hatte, um die sie sich kümmern musste. Auch ihrer zweiten Ehe war keine lange Dauer beschieden, das Paar trennte sich wieder.

Ihr Ruf als Fliegerin überstand den Zweiten Weltkrieg. Im Spätsommer 1948 luden französische Segelflieger Elly Beinhorn zum Segelfliegen ein. 1951 konnte sie in der Schweiz ihren Flugzeugführerschein erneuern. Als Journalistin und Fotografin flog sie für eine Illustrierte durch Europa und Nordafrika. Nach der Aufhebung des Flugverbots für Deutschland beteiligte sie sich erfolgreich an zahlreichen, auch internationalen Wettbewerben. 1979 gab Elly Beinhorn im Alter von 72 Jahren, nach rund 5.000

meist allein geflogenen Flugstunden, ihren Pilotenschein zurück: »Da war es ja an der Zeit. Aber bis dahin bin ich 51 Jahre mit Anstand geflogen, ohne Probleme.« Am 28. November 2007 starb sie in einem Seniorenheim in Ottobrunn bei München.

Frida Kahlo

* 1907 in Coyoacán (Mexiko)
† 1954 in Coyoacán (Mexiko)

Malerin

> »(…), keiner von uns kann einen Kopf so malen
> wie Frida Kahlo.«
>
> (Pablo Picasso)

Ein harter Schicksalsschlag brachte Frida Kahlo zur Malerei: Bei einem Busunglück am 17. September 1925 wurde die achtzehnjährige Gymnasiastin so schwer verletzt, dass sie viele Monate in einem Stahlkorsett im Bett verbringen musste. Zur Ablenkung begann sie sich mit Malerei zu beschäftigen. Im September 1926 entstand ihr erstes Selbstporträt, das »Selbstbildnis mit Samtkleid«. Die Auseinandersetzung mit der Kunst verdrängte ihren ursprünglichen Berufswunsch, Medizin zu studieren.

Nachdem sie bereits als Sechsjährige in Folge ihrer Erkrankung an Kinderlähmung ein kürzeres rechtes Bein zurückbehielt, führte die durch den Verkehrsunfall verursachte schwere Schädigung der inneren Organe und der Wirbelsäule dazu, dass sie zeitlebens behindert blieb und keine Kinder bekommen konnte. Das traumatische Erlebnis von mehreren Fehlgeburten verarbeitete sie in ihrem Werk. Zwar hatte Frida Kahlo nach dem Unfall wieder laufen gelernt, aber ihr weiteres Leben wurde von Schmerzen und starken Einschränkungen bestimmt. Zum Teil konnte sie ihre Schmerzen nur mit Alkohol und anderen Drogen ertragen. 32 Operationen musste sie bis zu ihrem Tod über sich ergehen lassen.

In ihren meist kleinformatigen Bildern setzte sie sich immer wieder mit der deprimierenden Realität ihres körperlichen Zustands auseinander. In dem 1944 entstandenen Gemälde »Die zerbrochene Säule« thematisiert Frida Kahlo ihre körperlichen und seelischen Schmerzen besonders eindrucksvoll. Die Nägel in ihrem Körper und ihre Tränen sprechen von der Qual, die ihr das Stützkorsett bereitete, ohne das sie sich jedoch nicht aufrecht halten konnte. Außerhalb ihrer Werke trug Kahlo ihr Leid jedoch nicht zur Schau. Ihre einstigen Meisterschüler verweisen noch heute auf ihre Lebensfreude.

Geboren wurde die zu einer Kultfigur gewordene Malerin am 6. Juli 1907 als Magdalena Carmen Frieda Kahlo y Calderón in Coyoacán, einem Vorort von Mexico City. Ihre Eltern waren der 1890 aus Pforzheim nach Mexiko ausgewanderte Fotograf Carl Wilhelm Kahlo und die Mexikanerin Matilde Calderón y Gonzalez. Da sich die Künstlerin mit der 1910 ausgebrochenen Mexikanischen Revolution stark identifizierte, gab sie später 1910 als ihr Geburtsjahr an. Äußerlich unterstrich sie ihre mexikanische Identität durch die von ihr mit Vorliebe getragenen mexikanischen Trachten, die traditionellen Hochsteckfrisuren und den von ihr bevorzugten indianischen Schmuck. Sie betonte auf diese Weise ihre indigenen Wurzeln, was in der mexikanischen Gesellschaft eher ungewöhnlich war. Der Großteil dieser farbenprächtigen Garderobe, in der sich die sehr individuelle Persönlichkeit der Malerin auf eindrucksvolle Weise widerspiegelt, wurde im April 2004 in einem Schrank in der Casa Azul wiederentdeckt und sorgfältig restauriert. Aus Anlass des 100. Geburtstages von Frida Kahlo wurden die meisten dieser Fundstücke in einer Ausstellung präsentiert und in einem reich bebilderten Buch publiziert.

Durch ihren Eintritt in die Kommunistische Partei Mexikos lernte Frida Kahlo, die als Malerin Autodidaktin war, 1928 den berühmten mexikanischen Maler Diego Rivera kennen. Der 21 Jahre ältere Rivera hatte sich vor allem mit seinen riesigen politisch-revolutionären Wandmalereien (Murales) einen Namen gemacht, die Frida bereits in ihrer Jugend begeistert hatten. Am 21. August 1929 heirateten die beiden Künstler. Als Rivera wegen einer angeblich unbotmäßig gemalten Darstellung von Josef Stalin aus der Partei ausgeschlossen wurde, trat Frida aus Protest auch aus. 1948 wurde sie jedoch wieder Mitglied der kommunistischen Partei. Die Ehe verlief stürmisch, beide Partner gingen Liebesaffären ein. Kahlo bezeichnete Rivera sogar einmal als den »zweitgrößte(n) Unfall in meinem Leben.« Trotz zahlreicher Operationen begleitete sie ihren Ehemann auf seinen Reisen in die USA, wo er Aufträge für Wandgemälde ausführte. 1939 ließ sich das Paar scheiden, um bereits im Jahr darauf wieder zu heiraten.

Trotz ihres Parteiaustritts waren Kahlo und Rivera immer bekennende Kommunisten geblieben. 1937 nahmen sie den ins mexikanische Exil geflohenen russischen Revolutionär Leo

Trotzki und seine Ehefrau bei sich auf. Zwei Jahre lebte Trotzki in Frida Kahlos Haus in Coyoacán, das wegen seiner blau ge- strichenen Außenwände »Casa Azul« (Blaues Haus) genannt wurde. Zeitweise war Trotzki der Geliebte von Frida Kahlo. Lie- besaffären verbanden die Künstlerin auch mit dem Fotografen Nickolas Muray, der Sängerin Chavela Vargas und dem später bedeutenden Kunstsammler Heinz Berggruen.

Im November 1938 zeigte die New Yorker Galerie Julian Levy erstmals Bilder von Frida Kahlo. Im Jahr darauf reiste sie zu einer Ausstellung nach Paris, wo der Louvre ein Selbstbild- nis von ihr kaufte. 1940 beteiligte sie sich an der Internationalen Surrealistenausstellung in Mexico City. Die in der indianischen Mythologie Mexikos verwurzelte Malerin benutzte zwar eine symbolhafte, häufig surreal anmutende Bildsprache, aber sie legte Wert darauf, dass sie niemals Träume gemalt habe. Sie sah sich als mexikanische Realistin. 1940 stellte auch das Museum of Modern Art in New York eine Reihe ihrer Werke aus. 1943 erhielt sie einen Lehrstuhl an der Kunstschule La Esmeralda.

Ab 1951 war Frida Kahlo an den Rollstuhl gefesselt. Sie konnte nur noch mit Hilfe spezieller Konstruktionen malen. 1953 bekam sie die ersehnte Einzelausstellung in ihrer Heimat, zu deren Eröffnung sie allerdings im Bett getragen werden musste. Wenig später wurde ihr rechter Unterschenkel wegen Wundbrand amputiert. Die Künstlerin litt unter Depressionen und unternahm zwei Selbstmordversuche. Entgegen ärztlichem Rat nahm die gerade von einer Lungenentzündung genesene Malerin an einer Demonstration gegen die nordamerikanische Intervention in Guatemala teil. Tage später, am 13. Juli 1954, ver- starb sie im Alter von nur 47 Jahren. In ihr Tagebuch hatte sie zuletzt geschrieben: »Ich hoffe, froh zu sterben, und ich hoffe, niemals wiederzukommen.«

Ihr Haus in Coyoacán, die Casa Azul, ist seit 1959 als Muse- um eingerichtet. Es beherbergt neben Bildern von Frida Kahlo ihre Sammlung mexikanischer Volkskunst. 1984 wurden ihre Bilder von der mexikanischen Regierung zum nationalen Kul- turgut erklärt. Von den gut 200 Bildern, die sie schuf, sind die meisten Selbstbildnisse und bilden eine gemalte Autobiografie. Diego Rivera würdigte sie als »die erste Frau in der Geschichte der Kunst, die mit absoluter und schonungsloser Aufrichtigkeit, und man könnte sagen, mit ruhiger Gewalt, diejenigen allge- meinen und besonderen Themen aufgriff, die ausschließlich Frauen betreffen.«

ASTRID LINDGREN

* 1907 auf Näs/Vimmerby
† 2002 in Stockholm

Schriftstellerin

> »*Astrid Lindgrens Texte sind von einer großen Ehrlichkeit*
> *– und das ist etwas, nach dem wir nicht nur in der*
> *Kinderliteratur häufig vergeblich suchen.*«
> (HENNING MANKELL)

Als eine der weltweit bekanntesten Kinderbuchautorinnen schuf Astrid Lindgren so beliebte literarische Figuren wie Pippi Langstrumpf, Karlsson vom Dach, Michel aus Lönneberga, Madita und Ronja Räubertochter. Sie sind inzwischen zu Klassikern der Weltliteratur geworden. Laut ihrer Tochter Karin diskutierte Astrid Lindgren »ihre Bücher mit niemandem, das hätte sie gehasst. Sie war so sehr, sehr sicher, wie ihre Geschichten sein sollten, dass sie diesen Austausch auch nicht brauchte. Sie war selbst wahnsinnig kritisch und schrieb die Kapitel immer wieder um, aber sie erlaubte niemandem, sich einzumischen.« Viele von ihren Büchern, die Rekordauflagen erreichten, wurden verfilmt. Zu fast allen Verfilmungen schrieb sie selbst die Drehbücher.

Die Schriftstellerin kam am 14. November 1907 als Astrid Anna Emilia Ericsson auf dem småländischen Bauernhof Näs zur Welt. Ihre Eltern waren der Pfarrhofpächter Samuel August Ericsson und seine Ehefrau Hanna Jonsson. Zusammen mit ihren drei Geschwistern verlebte sie eine glückliche Kindheit: »Es war (...) schön, Kind von Samuel August und Hanna zu sein. Warum war es schön? Darüber habe ich oft nachgedacht, und ich glaube, ich weiß es. Zweierlei hatten wir, das unsere Kindheit zu dem gemacht hat, was sie gewesen ist – Geborgenheit und Freiheit.« In vielen ihrer kindlichen Hauptfiguren spiegelt sich diese Ungebundenheit wider.

Da Astrid Ericsson eine begabte Schülerin war, konnten ihre Eltern dafür gewonnen werden, sie eine weiterführende Schule besuchen zu lassen. 1923 verließ sie das Realgymnasium mit einem guten Abschlusszeugnis. Als Volontärin bei der Vimmer-

byer Lokalzeitung wurde sie mit achtzehn Jahren von dem verheirateten Chefredakteur schwanger. Was dies damals in einer
Kleinstadt bedeutete, schilderte sie später: »Noch nie haben
so viele so lange über so wenig getratscht, wenigstens nicht in
Vimmerby. Der Gegenstand dieses Tratsches zu sein war ungefähr so, als würde man in einem Schlangennest liegen, daher
beschloss ich, dieses Nest so schnell wie möglich zu verlassen.«
Sie zog nach Stockholm und begann eine Ausbildung zur Sekretärin. Am 4. Dezember 1926 brachte sie ihren Sohn Lars, genannt Lasse, heimlich im Kopenhagener Rigshospitalet zur Welt.
Durch die Vermittlung der Klinik kam er in einer Pflegefamilie
in Kopenhagen unter. Sooft es ihr möglich war, besuchte Astrid
Ericsson ihren Sohn: »Lasse ging es gut in diesen Jahren. Mir
dagegen ging es weniger gut. Ich musste ja in Stockholm sein,
meine Ausbildung beenden, eine Arbeit suchen, einen Ausweg
finden, damit Lasse bei mir sein konnte. Es war eine Zeit voller
Mühe und Entbehrung und ewiger Sehnsucht nach dem Kind,
das so weit weg war.«

Nach dem Ende ihrer Ausbildung arbeitete sie zunächst als
Sekretärin in der Schwedischen Buchhandelszentrale in Stockholm, dann im Königlichen Automobilclub unter dem Bürovor-
steher Sture Lindgren. Im April 1931 ging sie eine Vernunftehe
mit Lindgren ein und konnte ihren Sohn endgültig zu sich nach
Stockholm holen. Am 21. Mai 1934 wurde ihre Tochter Karin geboren. Jahrelang war Astrid Lindgren in erster Linie Mutter und
Hausfrau, arbeitete aber nebenbei freiberuflich weiter. Das har-
monische Familienleben wurde später durch den Alkoholismus
ihres Ehemannes, der bereits 1952 verstarb, überschattet. Auch
ihr Sohn Lars richtete sich als Erwachsener durch Alkoholmiss-
brauch zugrunde. Sein Tod 1986 gehörte zu den schlimmsten
Momenten in ihrem Leben.

Von 1937 an arbeitete Astrid Lindgren wieder vollberuf-
lich als Stenografin für den Professor für Kriminalistik Harry Söderman sowie ab 1940 bei der Briefzensur des schwedischen Nachrichtendienstes, wo die überzeugte Pazifistin eine
heftige Abneigung gegen den Nationalsozialismus und den
Bolschewismus entwickelte. 1941 erfand sie für ihre erkrankte
Tochter Karin die Geschichten über Pippi Langstrumpf, die in
ein Manuskript mündeten, das Karin als Geschenk zu ihrem
zehnten Geburtstag erhielt. 1944 beteiligte sich Astrid Lindgren, die »Blut geleckt« hatte, an einem Wettbewerb des Verlags
Rabén & Sjögren. Mit »Britt-Mari erleichtert ihr Herz« gewann

sie den zweiten Platz. Von diesem Erfolg beflügelt, reichte sie im folgenden Jahr das überarbeitete Manuskript von »Pippi Langstrumpf« ein, wofür sie den ersten Preis bekam. Noch im gleichen Jahr erschien der erste Pippi-Band. Pippi Langstrumpfs unkonventionelles Verhalten, das in der Presse ein sehr unterschiedliches Echo fand, widersprach den pädagogisch-strengen Maßstäben der damaligen Zeit. Von 1946 bis zu ihrer Pensionierung 1970 war Astrid Lindgren halbtags als Lektorin für Rabén & Sjögren tätig. Sie baute die Kinderbuchabteilung auf und förderte angehende Kinderbuchautoren. Für den Verlag stellte Pippi die Rettung vor dem finanziellen Ruin dar. Im Herbst 1949 erschien Pippi erstmals auf Deutsch im Oetinger Verlag, der seitdem das Gesamtwerk der Autorin in Deutschland verlegt. 1978 erhielt Astrid Lindgren als erste Kinderbuchautorin den angesehenen Friedenspreis des Deutschen Buchhandels. In ihrer Dankesrede rief sie zur gewaltfreien Erziehung von Kindern auf.

Zu ihren erfolgreichen Büchern aus den frühen Jahren gehören die Bände über den Meisterdetektiv Kalle Blomquist, die Bullerbü-Bücher, in denen sie ihre Kindheit auf Näs verewigte, »Nils Karlsson-Däumling«, »Die Kinder aus der Krachmacherstraße«, »Mio, mein Mio«, »Karlsson vom Dach« sowie »Rasmus und der Landstreicher«. 1958 wurde Astrid Lindgren mit der Hans-Christian-Andersen-Medaille ausgezeichnet, dem wichtigsten europäischen Kinderbuchpreis. Es folgten u. a. »Madita«, die Bücher über Michel aus Lönneberga und »Ferien auf Saltkrokan«. 1965 bekam die Autorin den Schwedischen Staatspreis für Literatur. Ihr »Trostbuch« »Die Brüder Löwenherz« wurde 1973 wegen angeblicher Verherrlichung des Selbstmordes Gegenstand kontroverser Diskussionen. Mit »Ronja Räubertochter« veröffentlichte Lindgren 1981 ihr letztes Buch.

Politisch aktiv wurde Astrid Lindgren 1976, als die schwedische Steuergesetzgebung Selbständige mit Abgaben in Höhe von 102 % belastete. Sie schrieb das Steuermärchen »Pomperipossa in Monismanien«, in dem sie diese absurden Auswüchse anprangerte. Tatsächlich wurde die seit über 40 Jahren regierende sozialdemokratische Regierung abgewählt. Angesichts der Massentierhaltung begann sie 1985 eine Zeitungskampagne für den Tierschutz. Von dem anlässlich ihres 80. Geburtstages in Schweden veröffentlichten Tierschutzgesetz, im Volksmund Lex Lindgren genannt, hielt sie nicht viel. Wegen ihres Einsatzes für das Recht der Kinder und für die Natur wurde ihr 1994 der Alternative Nobelpreis »The Right Livelihood Honorary Award« verliehen.

Im Alter von 94 Jahren verstarb sie am 28. Januar 2002 in Stockholm. Seit 2002 verleiht die schwedische Regierung jährlich den Astrid-Lindgren-Gedächtnis-Preis, den höchstdotierten Preis für Kinder- und Jugendliteratur weltweit.

SIMONE DE BEAUVOIR

* 1908 in Paris
† 1986 in Paris

Schriftstellerin, Philosophin und Feministin

»Frauen, Ihr verdankt ihr alles!«

(ELISABETH BADINTER)

»Ich habe drei Romane, Essays geschrieben, ohne mir über meine Situation als Frau Gedanken zu machen. Eines Tages hatte ich den Wunsch, mich über mich selbst zu äußern. Ich habe begonnen nachzudenken, und mit einem gewissen Erstaunen habe ich bemerkt: Das erste, was ich zu sagen hatte, war: Ich bin eine Frau. Meine ganze gefühlsmäßige, geistige Bildung hat sich von der eines Mannes unterschieden.« Diese Äußerungen Simone de Beauvoirs aus dem Jahr 1957 beziehen sich auf ihr vor acht Jahren erschienenes Buch »Le deuxième sexe« (Das andere Geschlecht), das als eines der einflussreichsten Bücher des 20. Jahrhunderts gilt.

Simone Lucie-Ernestine-Marie-Bertrand de Beauvoir wurde am 9. Januar 1908 in Paris in eine verarmte großbürgerliche Familie hineingeboren. »Ich habe einen guten Start gehabt«, bekannte Simone de Beauvoir später. Als Vierjährige brachte sich das wissbegierige Kind selbst das Lesen bei. Ihr Vater Georges de Beauvoir, ein Anwalt, überließ seiner streng katholischen Ehefrau Françoise Brasseur weitgehend die Erziehung der beiden Töchter. Gegen den in ihren Augen »erstickenden Konformismus« und die »bedrückende Tyrannei« des Bürgertums fing Simone schon früh an aufzubegehren.

Nach dem Baccalaureat am katholischen Mädcheninstitut Cours Désir in Paris 1925 besuchte Simone de Beauvoir zunächst Philologie-Vorlesungen am Institut Sainte-Marie in Neuilly und belegte Mathematik am Institut Catholique in Paris. 1926 nahm sie das Philosophiestudium an der Pariser Sorbonne auf. Ihre Diplomarbeit schrieb sie über den Philosophen und Universalgelehrten Gottfried Wilhelm Leibniz. Sie schloss die Agrégation (Lehrerlaubnis) 1929 als Jahrgangszweite ab.

Während ihres Studiums hatte Simone de Beauvoir den

späteren existenzialistischen Philosophen Jean-Paul Sartre kennen gelernt, dessen geistige Brillanz sie faszinierte: »Wir sprachen von unendlich vielen Dingen, vor allem über ein Thema, das mich mehr als jedes andere interessierte, nämlich über mich.« Sie sah in ihm den idealen Lebensgefährten und übersah großzügig seinen ausgeprägten Egoismus. Nach dem Erwerb der Agrégation beschränkte sie sich zunächst darauf, Privatstunden zu geben und eine halbe Lehrverpflichtung in Paris zu bekleiden, um in der Nähe von Sartre bleiben zu können. Sie lebten jedoch immer getrennt und führten zeitlebens eine scheinbar offene Beziehung mit zahlreichen Affären und Liebschaften. Sie genossen so nach eigenen Aussagen »die Vorteile des Lebens zu zweit und keine seiner Unannehmlichkeiten«. Simone de Beauvoir hatte von 1947 bis 1951 eine intensive Liebesbeziehung mit dem amerikanischen Schriftsteller Nelson Algren und von 1952 bis 1958 eine Beziehung mit Claude Lanzmann, einem Mitarbeiter bei »Les Temps Modernes« und späteren Filmemacher.

Von 1931 bis 1943 unterrichtete sie Philosophie an Lyzeen in Marseille, Rouen und Paris. Ihre Entlassung aus dem Schuldienst erfolgte, nachdem sie die Beziehung einer Schülerin zu einem spanischen Juden verteidigt hatte. Danach war sie als Programmgestalterin bei »Radio Nationale« tätig. Noch während des Zweiten Weltkrieges konnte Simone de Beauvoir ihren eigentlichen Berufswunsch verwirklichen – mit den beiden existenzialistischen Romanen »L'invitée« (Sie kam und blieb) (1943) und »Le sang des autres« (Das Blut der anderen) (1945) setzte sie sich als Schriftstellerin durch. Beide Bücher wurden Verkaufserfolge. Von nun an arbeitete sie als freie Schriftstellerin. 1945 wurde auch ihr einziges Drama »Les bouches inutiles« (sinngemäß: Die unnützen Esser) uraufgeführt. Seit Kriegsende arbeitete sie außerdem für die politisch-literarische Zeitschrift »Les Temps Modernes«, in der sie ihre philosophischen Aufsätze veröffentlichte.

Als 1949 ihr Buch »Le deuxième sexe« (Das andere Geschlecht) erschien, löste sie einen Skandal in Frankreich aus. In dem Buch beschäftigte sie sich mit der Unterdrückung der Frau im Patriarchat und schuf damit eine der wesentlichsten theoretischen Grundlagen für die Neue Frauenbewegung. In diesem Werk findet sich auch der berühmte Satz: »Man wird nicht als Frau geboren, man wird dazu gemacht.« Wegen ihrer feministischen Thesen wurde sie nicht nur vom bürgerlich-konservativen Lager kritisiert, sondern erregte auch bei der Linken Ärger wegen ihrer Überzeugung, dass sich die Unterdrückung der Frau nicht automatisch im Kommunismus auflösen würde. Auch mit Teilen der feministischen Bewegung kam es zu Differenzen, da sie als betont Intellektuelle den Körper einer Selbstverwirklichung im geistigen Sinn unterordnete.

Als prominente Linksintellektuelle wurde sie vor allem in sozialistische Länder eingeladen, aber auch privat reiste sie gern. Sie bereiste nicht nur Europa, sondern kam auch nach Nord-, Süd- und Mittelamerika, in den Nahen und Fernen Osten sowie in die Sowjetunion und nach China. Über ihre Reiseerfahrungen verfasste sie Reportagen und Tagebücher. Für ihren Schlüsselroman über die französischen Linksintellektuellen »Les Mandarins« (Die Mandarins von Paris) wurde sie 1954 mit der höchsten literarischen Auszeichnung Frankreichs, dem Prix Goncourt, ausgezeichnet. Im Rückblick äußerte sie dazu: »In dem Augenblick, da sich der Traum meiner zwanzig Jahre erfüllte – durch Bücher Liebe zu erringen –, konnte mir nichts meine Freude verderben.«

Zusammen mit Sartre engagierte sie sich gegen den Algerien- und den Vietnamkrieg. Etwa von 1970 an trat ihr Einsatz für den Feminismus in den Vordergrund allen Interesses. Simone de Beauvoir bezog als eine der Ersten Stellung für die Straffreiheit der Abtreibung und unterschrieb 1971, obwohl sie selbst niemals schwanger gewesen war, im Kampf um ein neues französisches Abtreibungsgesetz zusammen mit anderen prominenten Frauen die öffentliche Erklärung »J'ai avorté« (Ich habe abgetrieben). Drei Jahre später wurde sie Vorsitzende der französischen Liga für Frauenrechte.

Ihrem Lebensgefährten Jean-Paul Sartre bis zu seinem Tod 1980 verbunden, verarbeitete sie dessen letzte von Siechtum geprägten Lebensjahre in »La Cérémonie des adieux« (Die Zeremonie des Abschieds). Nach ihrem Tod am 14. April 1986 wurde Simone de Beauvoir neben Sartre auf dem Pariser Friedhof Montparnasse beigesetzt. Mit ihrer von 1958 an veröffentlichten Autobiografie in vier Bänden – »Mémoires d'une jeune fille rangée« (Memoiren einer Tochter aus gutem Haus), »La force de l'âge« (In den besten Jahren), »La force des choses« (Der Lauf der Dinge) und »Tout compte fait« (Alles in allem) – hinterließ sie eine schonungslose, wenngleich in ihrem Sinne bereinigte Darstellung ihres Lebens und Denkens. Die Regelung ihres Nachlasses lag in den Händen ihrer langjährigen Freundin Sylvie Le Bon, die sie 1980 adoptiert hatte.

MUTTER THERESA

* 1910 in Skopje
† 1997 in Kalkutta (Indien)

Ordensgründerin und Nobelpreisträgerin

»Das Markenzeichen ihrer Arbeit ist die Achtung des einzelnen
Menschen, seines Wertes und seiner Würde.«

(JOHN SANNES)

Nach ihrem Tod am 5. September 1997 in Kalkutta erhielt Mutter Theresa, der »Engel der Armen«, von der indischen Regierung ein Staatsbegräbnis. Nur sechs Jahre später wurde die albanische Nonne, die vielen Menschen schon zu Lebzeiten als Heilige erschien, am 19. Oktober 2003 vom Vatikan seliggesprochen. Das Ereignis wurde weltweit im Fernsehen übertragen. Dies war die bis dahin schnellste Seligsprechung in der neueren Kirchengeschichte. Papst Johannes Paul II. hatte seine besondere Erlaubnis für den im Juli 1999 eröffneten aufwendigen Selig- und Heiligsprechungsprozess für die Ordensfrau erteilt. Im Regelfall darf dieser Prozess nämlich laut Kirchenrecht frühestens fünf Jahre nach dem Tod eines Menschen eingeleitet werden.

Die spätere Nonne und Ordensgründerin, die bis zu ihrem Tod immer wieder schwere Glaubenskrisen durchlebte, wurde am 27. August 1910 in Skopje als Anjezë Gonxhe Bojaxhiu geboren. Ihr Vater war ein wohlhabender albanischer Bauunternehmer. Kolë Bojaxhiu und seine Ehefrau Drana ließen ihrer Tochter eine sorgfältige, gut katholische Erziehung angedeihen. Bereits früh verspürte das Mädchen den Wunsch, den Schleier zu nehmen und sich in der Mission zu engagieren. Nach dem Abitur schloss sie sich im Alter von achtzehn Jahren den »Schwestern der Jungfrau von Loreto« an und wurde im irischen Mutterhaus des Ordens in Rathfarnham bei Dublin als Missionarin ausgebildet. Im Januar 1929 kam sie nach Darjeeling in Indien, wo sie ihr zweijähriges Noviziat absolvierte. Am 24. Mai 1931 legte sie ihre ersten zeitlichen Gelübde ab und nahm aus Verehrung für Thérèse von Lisieux, mit deren leidenszentrierter Jesusliebe sie sich identifizierte, den Ordensnamen Theresa an. Sie wurde zur Lehrerin ausgebildet und unterrichtete vor allem an der St. Mary's High School, die sie später als Direktorin leitete, und der Sancta-Theresa-Schule in Kalkutta. Am 24. Mai 1937 legte sie ihr Ewiges Gelübde ab.

Am 10. September 1946 hatte Schwester Theresa ein Berufungserlebnis, das ihr weiteres Leben veränderte. In ihrem Tagebuch schilderte sie das mystische Erlebnis. Jesus habe sie dazu aufgefordert, »alles aufzugeben und Ihm in die Slums zu folgen – um Ihm in den Ärmsten der Armen zu dienen.« Ihr Plan, eine neue Missionsgemeinschaft zu gründen, die nicht nur in den Slums von Kalkutta arbeiten, sondern dort auch unter denselben Bedingungen wie die Slumbewohner leben sollte, stieß zunächst auf ein zurückhaltendes Echo bei der Kirchenleitung. Erst im April 1948 wurde sie von Rom exklausiert, dies bedeutete, dass sie den Loreto-Orden verlassen konnte, ohne ihren Nonnenstatus aufgeben zu müssen. Von September bis Dezember 1948 absolvierte sie in Patna einen Kurs in Krankenpflege und Geburtshilfe. Danach begann sie ihre Arbeit in den Slums. Zwei Jahre später genehmigte Papst Pius XII. die Gründung der »Gemeinschaft der Missionarinnen der Nächstenliebe«, deren Generaloberin Mutter Theresa wurde. Die Ordensschwestern nahmen sich ausgesetzter Säuglinge, Kranker, Hungernder und Sterbender in den Elendsvierteln von Kalkutta an. 1963 folgte die Genehmigung für die »Missionsbrüder der Nächstenliebe«.

1954 eröffnete Mutter Theresa das Sterbehaus »Nirmal Hriday«, das bis heute die bekannteste ihrer Einrichtungen geblieben ist. Wenig später folgte 1955 das Kinderhaus »Shishu Bhavan«. 1962 erfolgte die Gründung der Leprakolonie »Shanti Nagar«. Die Betreuung der von der Gesellschaft ausgestoßenen Leprakranken lag Mutter Theresa besonders am Herzen. Außerdem gründete sie Schulen für Arme, Entbindungsheime und Heime für ledige Mütter. In den 1980er Jahren folgten die ersten Aids-Häuser. Zu dem von ihr begründeten Orden gehörten im Jahr 2007 757 »Häuser der Nächstenliebe« in 145 Ländern, darunter auch zahlreiche Niederlassungen in europäischen und amerikanischen Großstädten, wo es laut Mutter Theresa die »Armut des Geistes« zu bekämpfen gilt: »Ich glaube, es ist leichter, materielle Armut zu lindern. Wenn man einer Person, die hungrig ist, ein Stück Brot oder eine Schüssel Reis gibt, hat man durch die Gabe die Schwierigkeit bereits gelöst. Aber ich glaube, die Menschen, die verletzt sind, die einsam sind, die ohne Hoffnung sind wie die Alkoholiker und die Menschen, die vergessen haben, wie man lächelt, die vergessen haben, was menschliche Liebe und menschlicher Kontakt ist – ich glaube, das ist eine sehr, sehr große Armut.«

1960 begann ihre weltweite Reisetätigkeit. Sie wurde die bis dahin medienfreundlichste Nonne der Kirchengeschichte. Sie war sich der Tatsache sehr wohl bewusst, dass der Erfolg ihrer Ordensarbeit von der öffentlichen Wahrnehmung und damit folglich von ihrer Präsenz in den Medien abhing. Aus diesem Grund war ihr durchaus auch an den zahlreichen Preisen und Ehrungen gelegen, die sie für ihr Lebenswerk erhielt. Nach 1971 verging so gut wie kein Jahr, in dem Mutter Theresa nicht irgendeinen Preis entgegennahm oder mit einer besonderen Würde ausgezeichnet wurde. Besondere Bedeutung kam dabei dem Friedensnobelpreis zu, der ihr 1979 für ihren aufopferungsvollen Kampf gegen Hunger und Armut zugesprochen wurde. Mutter Theresas erste Reaktion auf diese Nachricht war: »Das habe ich nicht verdient.« Sie ließ dem Komitee aber mitteilen, dass sie die Ehrung »im Namen der Armen« annehmen werde.

Neben der großen weltweiten Anerkennung für ihre selbstlose Arbeit für die Armen und Bedürftigen wurde aber auch Kritik an ihrer konservativen Weltanschauung laut. So sah sie etwa in der legalisierten Abtreibungspolitik vieler Länder die »größte Bedrohung für den Weltfrieden«. Auch ihre Ablehnung der künstlichen Verhütung stieß vielerorts auf mangelndes Verständnis. So sah z. B. die indische Regierung in dem ungebremsten Bevölkerungswachstum ein Problem und keineswegs ein Gottesgeschenk. Kritisiert wurde auch die Verwendung der dem Orden reichlich zufließenden Gelder. Es wurde bemängelt, dass es angeblich nicht zur Verbesserung der Einrichtungen des Ordens und der Not vor Ort verwendet werde. Auf den Vorwurf, dass sie nichts unternehme, um etwa die allgemeinen Lebensbedingungen in Indien zu verbessern, entgegnete sie: »Ich bin nicht für den großen Weg, die Dinge zu tun. Worauf es uns ankommt, ist der Einzelne.« Anstoß erregte auch die oftmals fehlende medizinische Ausbildung ihrer Schwestern und Mitarbeiter zum Nachteil der Kranken. Hierauf pflegte Mutter Theresa zu entgegen: »Nicht der Erfolg, sondern die Treue im Glauben ist wichtig.« Solche Aussagen und die Nichtbeachtung von Hygienevorschriften in der Pflege sind bis heute Wasser auf die Mühlen der Kritiker.

SONJA HENIE

* 1912 in Oslo
† 1969 im Flugzeug nach Oslo

Eiskunstläuferin, Filmschauspielerin und
Museumsgründerin

»Häseken«

(KOSENAME DER BERLINER FÜR DIE JUNGE SONJA HENIE)

Die Norwegerin Sonja Henie gewann als bisher einzige
Olympiateilnehmerin bei den Eiskunstlaufwettbewerben drei
Mal hintereinander die Goldmedaille, wurde zehn Mal Welt-
meisterin und sechs Mal Europameisterin. Die »Eiskönigin«
wurde zum Aushängeschild für ihre norwegische Heimat und
galt trotz ihres engen Verhältnisses zu Hitler-Deutschland als
das größte nationale Idol seit Henrik Ibsen.

Die am 8. April 1912 in Oslo geborene Sonja Henie wuchs in
einer wohlhabenden Pelzhändlerfamilie auf. Seit sie als Fünfjäh-
rige bei einem Kinderwettbewerb im Eiskunstlaufen gewann,
richtete sich das Leben der Familie Henie ganz auf ihre Karriere
aus. Während sich ihre Mutter Selma Lochmann-Nielsen um die
Kostüme kümmerte, übernahm ihr Vater Wilhelm Henie, selbst
einst Weltmeister im Radsport, das Management und inves-
tierte sehr viel Geld in die Karriere seiner Tochter. Der Einsatz
sollte sich auszahlen, allerdings blieb Sonja, die von Privatleh-
rern unterrichtet wurde, auf diese Weise eine normale Kindheit
versagt.

Mit elf Jahren wurde Sonja norwegische Landesmeisterin
und nahm als jüngste Sportlerin an den Olympischen Spielen
in Chamonix teil. Sie erreichte den 8. Rang, obwohl sie während
ihrer Kür mehrmals zu ihrem Trainer lief, um zu fragen, was
sie als nächstes zu tun hätte. Als die blutjunge, niedliche Norwegerin in den Zwanziger Jahren im Berliner Sportpalast lief,
verpassten ihr die Berliner den Kosenamen »Häseken«, der an
ihr heften bleiben sollte.

Als Sonja Henie 1926 bei den Weltmeisterschaften in Stockholm nur Zweite wurde, erklärte sie: »Ich habe dieses Mal nicht
gewonnen, aber nächstes Jahr werde ich gewinnen und nie

wieder verlieren.« Mit fünfzehn Jahren gewann sie tatsächlich ihren ersten Weltmeisterschaftstitel, auf den noch neun weitere in ununterbrochener Reihenfolge folgten. Dreimal gewann die Norwegerin olympisches Gold: bei den Winterspielen 1928 in St. Moritz, 1932 in Lake Placid und 1936 in Garmisch-Partenkirchen. Die nur 1,57 m große Sportlerin besaß eiserne Nerven, ausgeprägte Willenskraft und war in »Pflicht« und »Kür« gleichermaßen vollkommen. Sie revolutionierte das Eiskunstlaufen, da sie tänzerische Elemente in ihre Darbietungen einfügte. Bisher hatten die Läuferinnen die einzelnen Übungsteile ohne verbindende Elemente aneinandergehängt. Sonja Henie, die auch als »Pawlowa des Eiskunstlaufs« bezeichnet wurde, hatte seit ihrem fünften Lebensjahr Ballettunterricht erhalten und die berühmte russische Ballerina immer bewundert. Nicht nur auf dem Gebiet der Choreografie leistete Henie Pionierarbeit, auch bei den Kostümen sorgte sie für Neuerungen, da sie kurze Röcke einführte.

Als sie bei den olympischen Winterspielen 1936 in Garmisch-Partenkirchen siegte, war unter den Zuschauern auch der deutsche Reichskanzler und Führer Adolf Hitler. Er lud die blonde Norwegerin mit ihren Eltern auf den nahegelegenen Obersalzberg zum Essen ein. Die Eisläuferin hatte ihn bereits bei einer Eislaufschau im Berliner Sportpalast mit lautem »Heil Hitler« gegrüßt. Nach der Besetzung Norwegens durch deutsche Truppen erging die Anweisung, Henies Besitz zu verschonen. Diese Nähe zu dem Nazi-Regime brachte Henie in die Kritik und kratzte an ihrem Image als Vorzeige-Norwegerin.

Nach der dritten olympischen Goldmedaille zog sich Sonja Henie vom Amateursport zurück und wurde Berufssportlerin. Im »Madison Square Garden« in New York feierte sie ihr Profidebüt. Als sie auf ihrer Tour durch die Vereinigten Staaten nach Hollywood kam, konnte sie ihren Wunsch, Filmschauspielerin zu werden, verwirklichen. Ihr Vater hatte dafür gesorgt, dass die Filmprominenz von Hollywood ihre Show besuchte. Wenige Tage später konnte sie mit 20th Century Fox einen ersten Fünfjahresvertrag abschließen. Die geschäftstüchtige Ausnahmesportlerin bestand darauf, bereits in ihrem ersten Film als Star über dem Titel genannt zu werden und bekam als Gage 75.000 Dollar pro Film. Zwischen 1936 und 1948 drehte sie zwölf sehr erfolgreiche Filme. Zu den bekanntesten Filmen zählen »One in a Million« (1936), »Thin Ice« (1937), »Happy Landing« (1938), »My Lucky Star« (1938), »Everything Happens at Night«

(1939), »Sun Valley Serenade« (1941) und »Ice-Land« (1942). In ihren Filmen, meist aufwendig produzierten Musicals, spielte Sonja Henie überwiegend Schweizerinnen, Norwegerinnen oder Schwedinnen. Als Partner erhielt sie die größten männlichen Stars des Studios wie Tyrone Power, Don Ameche, Ray Milland und John Payne an die Seite gestellt. Um Henies rasche Bewegungen auf dem Eis einfangen zu können, entwickelte das Filmstudio eigens eine Spezialkamera. Bereits 1938 gehörte Sonja Henie zu den zehn kassenträchtigsten Kinostars. 1938 veröffentlichte sie ihre Autobiografie »Mitt livs eventyr«, 1940 folgte »Wings on My Feet«. Bis Anfang der 1950er Jahre tourte sie außerdem mit Eisrevuen durch die Vereinigten Staaten, wobei sie nicht nur der Star war, sondern auch als Managerin, Produzentin und Regisseurin fungierte. Als erste Sportlerin verdiente Sonja Henie, die hervorragend mit Geld umgehen konnte, mit ihrem Können Millionen – Ende der 1940er Jahre gehörte sie zu den reichsten Frauen Amerikas. Angeblich soll die ehrgeizige Henie in einem Interview gesagt haben: »Wenn Sie mit Ihrem Geld nicht auskommen, machen Sie es wie ich. Arbeiten Sie achtzehn Stunden am Tag und fangen Sie mit sieben Jahren an.«

Ihr Privatleben verlief dagegen zunächst weniger positiv. Ihre erste Ehe mit dem New Yorker Millionär Dan Topping scheiterte ebenso wie die zweite Heirat mit dem Flugzeugindustriellen Winthrop Gardiner. Anfang der 1950er Jahre ließ das Interesse an ihren Eisrevuen in den Vereinigten Staaten nach, deshalb kam sie mit ihren Eisshows nach Europa, wo man sich noch gut an sie erinnerte. Als sie 1956 den norwegischen Reeder Niels Onstad heiratete, war ihre bemerkenswerte Karriere so gut wie beendet.

In ihren letzten Lebensjahren widmete sich Sonja Henie der wertvollen Gemäldesammlung ihres Mannes und begann auch selbst zu sammeln. Das Ehepaar baute gemeinsam eine bedeutende Sammlung moderner Kunst auf, die es 1961 in eine Stiftung einbrachte. Es handelte sich dabei um die bisher größte mäzenatische Schenkung in Norwegen. In Høvikodden nahe Oslo wurde das »Henie-Onstad-Kunstcenter« erbaut. 1968 konnte das Museum eröffnet werden.

Im September 1968 wurde eine Erkrankung an Leukämie bei ihr festgestellt. Am 12. Oktober 1969 starb Sonja Henie während eines Fluges von Paris nach Oslo.

Rosa Parks

* 1913 in Tuskegee (Alabama, USA)
† 2005 in Detroit (Michigan, USA)

Bürgerrechtlerin

> »*Sie verdiente ihren Titel als Mutter der Bürgerrechtsbewegung.*«
>
> (John Conyers)

Nach ihrem Tod im Jahr 2005 wurde Rosa Parks, der Symbolfigur der Bürgerrechtsbewegung in den Vereinigten Staaten von Amerika, eine besondere Ehrung zuteil. Auf einstimmigen Beschluss der beiden Häuser des amerikanischen Kongresses wurde die am 24. Oktober verstorbene Parks im Capitol in Washington, D. C., für zwei Tage öffentlich aufgebahrt. Sie war die erste Frau in der amerikanischen Geschichte, der diese Anerkennung widerfuhr. Normalerweise ist diese Form der öffentlichen Auszeichnung den Präsidenten vorbehalten. 50 000 Menschen zogen an ihrem Sarg vorbei.

Rosa Louise McCauley wurde am 4. Februar 1913 in Tuskegee, Alabama, geboren. Sie war zwei Jahre alt, als ihr Vater, der Zimmermann James McCauley, die Familie verließ und in den Norden zog. Ihre Mutter Leona McCauley kehrte daraufhin mit ihren beiden Kindern Rosa und Sylvester auf die elterliche Farm in Pine Level zurück. Bis zum elften Lebensjahr wurde Rosa von ihrer Mutter, die Lehrerin war, unterrichtet. Danach besuchte sie die Montgomery Industrial School for Girls, dann die Booker T. Washington High School – beides Schulen, die Afroamerikanern vorbehalten waren. Da sie sich um ihre erkrankte Großmutter kümmern musste, brach Rosa McCauley ihr Studium am Alabama State Teachers College for Negroes in Montgomery wieder ab. Sie wurde Näherin und heiratete im Dezember 1932 den Friseur Raymond Parks, der in der Wahlrechtsbewegung für Schwarze aktiv war. Mit der Unterstützung ihres Ehemannes konnte sie ihr High School Diplom nachmachen. Im Dezember 1943 begann Rosa Parks auch für die National Association for the Advancement of Colored People (NAACP) in Montgomery zu arbeiten. Der NAACP setzte sich für die Aufhebung der Rassendiskriminierung ein.

In Montgomery wurde die Rassentrennung damals strikt durchgeführt. In den öffentlichen Bussen waren die vorderen vier Reihen den Weißen vorbehalten, die es allerdings in der Regel vorzogen, mit dem Taxi oder dem eigenen Wagen zu fahren. Obwohl diese Plätze oft leer blieben, war es schwarzen Passagieren untersagt, sich dorthin zu setzen. Der hintere Teil der Busse, der für die Afroamerikaner bestimmt war, war dagegen meist überfüllt. Den mittleren Busabschnitt durften die Schwarzen zwar benutzen, aber so bald nur ein einziger weißer Fahrgast Anspruch auf einen Sitzplatz in diesem Teil des Busses erhob, musste die komplette Reihe, in der sich der Platz befand, von den dort sitzenden Afroamerikanern geräumt werden, damit die Rassentrennung aufrecht erhalten blieb.

Am Abend des 1. Dezember 1955 forderte ein weißer Fahrgast die Räumung der reservierten Sitzreihe, in der sich Rosa Parks befand, die von der Arbeit nach Hause fahren wollte. Während die übrigen drei schwarzen Passagiere ihren Platz räumten, weigerte sich Parks dies zu tun, da sie nicht den Rest der Fahrt über stehen wollte. Rückblickend erklärte sie später, dass sie es damals einfach satt gehabt habe, ständig nachgeben zu müssen: »Aber der eigentliche Grund war, dass ich spürte, dass ich ein Recht hatte, wie jeder andere Fahrgast behandelt zu werden.« Sicher hatten ihr auch ihre Aktivitäten in verschiedenen Bürgerrechtsorganisationen den Rücken gestärkt. Nachdem der Busfahrer sie nicht zum Aufstehen bewegen konnte, rief er die Polizei, die Rosa Parks verhaftete. Sie wurde wegen Störung der öffentlichen Ruhe angeklagt und am 5. Dezember zu einer Geldstrafe von zehn Dollar verurteilt. Außerdem musste sie noch vier Dollar für die Gerichtskosten zahlen.

Rosa Parks war keineswegs die erste Afroamerikanerin in Montgomery, die sich weigerte, ihren Sitzplatz an eine weiße Person abzutreten. Aufgrund ähnlicher Fälle hatte der NAACP bereits Überlegungen angestellt zu klagen, aber die davon betroffenen Personen erschienen im Gegensatz zu Rosa Parks als ungeeignet. Jo Ann Gibson Robinson, die Präsidentin des Women's Political Council in Montgomery, reagierte umgehend auf den Vorfall und ließ Flugblätter verteilen, die die Afroamerikaner in Montgomery zum Busboykott am 5. Dezember aufriefen. Trotz des schlechten Wetters benutzten fast alle afroamerikanischen Bewohner von Montgomery an diesem Tag keinen der öffentlichen Busse. Am selben Tag noch gründeten die Organisatoren des Boykotts und andere Aktivisten die »Montgomery Improvement Association« und wählten den zu diesem Zeitpunkt noch relativ unbekannten jungen Baptistenpfarrer Martin Luther King Jr. zum Vorsitzenden. Der ursprünglich nur für einen Tag geplante Busboykott wurde fortgeführt, wodurch die Verkehrsbetriebe von Montgomery hohe finanzielle Verluste erlitten. Zum Teil wurden die Organisatoren des Boykotts massiv bedroht. Rosa Parks wurde im Februar 1956 vorübergehend festgenommen, da man sie für den Boykott mitverantwortlich machte. Später bekannte sie: »Ich hatte keine besondere Angst. Es war vielmehr eine Befreiung zu wissen, dass ich nicht allein war.« Der Boykott führte schließlich zum Erfolg, als der Oberste Gerichtshof der Vereinigten Staaten die Rassentrennung in öffentlichen Verkehrsmitteln für verfassungswidrig erklärte. Mit der Aufhebung der Rassentrennung in den Bussen von Montgomery endete nach 381 Tagen am 20. Dezember 1956 der Busboykott. Dieser Boykott ermutigte die Afroamerikaner zu weiteren gewaltfreien Aktionen. Mit der Verabschiedung des Civil Rights Act am 2. Juli 1964 wurde die Gleichberechtigung der Geschlechter, Rassen, ethnischen und religiösen Minderheiten endgültig festgeschrieben.

Rosa Parks wurde durch den Boykott zwar zu einer Ikone der Bürgerrechtsbewegung, aber auch zur Zielscheibe von Drohungen und Einschüchterungsversuchen. Ihr Ehemann wurde mit dieser Situation nicht mehr fertig und erlitt einen Nervenzusammenbruch. Das Paar, das seine Arbeitsplätze verloren hatte, zog 1957 nach Detroit um. Rosa Parks fand wieder eine Stelle als Näherin, blieb aber weiter in der Bürgerrechtsbewegung aktiv. Von 1965 bis 1988 arbeitete sie als Sekretärin für den Kongressabgeordneten John Conyers, einen der führenden afroamerikanischen Bürgerrechtler. Zehn Jahre nach dem Tod ihres Ehemanns gründete Rosa Parks 1987 das Rosa and Raymond Parks Institute for Self-Development in Detroit, das u. a. Jugendlichen ermöglicht, auf einer Busreise durch Amerika die Geschichte der Bürgerrechtsbewegung kennen zu lernen.

Für ihre Aktivitäten in der Bürgerrechtsbewegung und ihren lebenslangen Kampf gegen den Rassismus erhielt Rosa Parks mehrere Ehrungen und Auszeichnungen. 1996 wurde ihr die Presidential Medal of Freedom und 1999 die Congressional Gold Medal verliehen, die höchsten zivilen Auszeichnungen in den Vereinigten Staaten. Ihr zu Ehren wurde in Montgomery die Rosa Parks Library and Museum eröffnet. Am 24. Oktober 2005 starb die Bürgerrechtlerin in Detroit, die anlässlich ihres 77. Geburtstag sich gewünscht hatte »als eine Person bekannt zu sein, die um Freiheit, Gleichheit, Gerechtigkeit und Wohlstand für alle Menschen besorgt war.«

EDITH PIAF

* 1915 in Paris
† 1963 in Plascassier

Chansonsängerin und Schauspielerin

*»Vor Edith gab es niemanden, der die französische Identität so
einzigartig verkörperte, nach ihr wird es niemand geben.«*

(CHARLES DUMONT)

Edith Piaf gilt noch heute als Inbegriff des französischen
Chansons. Die als »Spatz von Paris« weltweit gefeierte, zierliche,
nur 1,47 m große Sängerin traf und trifft noch immer mit ihren
Chansons, in denen sich Erlebtes und Dichtung vermengen, die
Zuhörer ins Herz. Ihre emotionsgeladene, voluminöse Stimme
verlieh ihrem Vortrag eine ungeheure Intensität. Sie selbst sagte
von ihren Chansons: »Dagegen meine Chansons, das bin ich,
das ist mein Fleisch, mein Blut, mein Kopf, mein Herz, meine
Seele.« Vor allem die Lieder »Milord«, »Non, je ne regrette rien«
und »La vie en rose« sind unlösbar mit ihrem Namen verbunden.

Die Künstlerin, deren Leben scheinbar Züge eines Groschen-
romans aufweist, wurde am 19. Dezember 1915 in Paris als Edith
Giovanna Gassion geboren. Während ihr Vater Louis-Alphonse
Gassion als Soldat im Ersten Weltkrieg kämpfte, überließ ihre
Mutter Anetta Maillard, die als Straßensängerin mit dem Baby
nichts anfangen konnte, ihre Tochter der Obhut ihrer Mutter.
Ediths Großmutter brachte ihrer Enkelin ebenfalls nur geringes
Interesse entgegen und ließ sie verwahrlosen. Als der Vater von
seinem Kriegseinsatz zurückkam, nahm er seine Tochter zu sich.
Da er wieder als Straßenakrobat arbeitete, vertraute er das Kind
zeitweise seiner Mutter an, die in Bernay als Köchin in einem
Bordell arbeitete. Als Edith ungefähr acht Jahre alt war, nahm er
sie in seinem Wohnwagen mit. Wegen der häufigen Ortswechsel
besuchte sie nur sporadisch die Schule.

Mit fünfzehn Jahren verließ Edith Gassion ihren Vater und
schlug sich mit Gelegenheitsjobs in Paris durch, wo sie auch als
Straßensängerin auftrat. Aus einer kurzzeitigen Liebesbeziehung der Siebzehnjährigen mit dem Bauarbeiter Louis Dupont

stammte ihr einziges Kind, ihre Tochter Marcelle, die jedoch schon im Alter von zwei Jahren an Hirnhautentzündung verstarb. Im Oktober 1935 wurde Edith Gassion von Louis Leplée, dem Besitzer eines der bekanntesten Pariser Nachtklubs, auf der Straße entdeckt. Sie selbst erinnerte sich später: »Ich war blass und schlampig. Ich trug keine Strümpfe, mein Mantel war an den Ellenbogen durchgewetzt und hing mir bis auf die Fußknöchel hinunter. Ich sang ein Lied von Jean Linoir.« Leplée war von ihr so begeistert, dass er sie engagierte und mit ihr ein Programm erarbeitete. Er gab ihr den Namen »La Môme Piaf« (Der kleine Spatz). Ihre Auftritte in Leplées Kabarett »Gerny's« wurden eine Sensation. Erste Schallplattenaufnahmen folgten.

Als Leplée 1936 ermordet wurde, geriet auch sein neuer Star ins Visier der Polizei. Edith Gassion wurde jedoch für unschuldig befunden. Da der Leplée-Skandal gewissermaßen an ihr klebte, musste sie sich mit kleineren Engagements durchschlagen, bis sie in dem Geschäftsmann und Chansontexter Raymond Asso einen neuen Mentor und Liebhaber fand. »Ich habe sie ausgebildet«, erinnerte er sich später. »Ich brachte ihr alles bei, Gesten, Modulation, sagte ihr, wie sie sich anziehen sollte. Aber sie trieb weiter Unfug und verkehrte mit unmöglichen Leuten. Ich sperrte sie ein. Ich folgte ihr auf Schritt und Tritt. Ich wollte nicht, dass sie Fehler machte. Ich verlangte von ihr nur eins – harte Arbeit.« Er schrieb Chansons für sie und brachte sie mit der Komponistin Marguerite Monnot zusammen. Asso verschaffte ihr Auftritte in den renommierten Kabaretts und Theatern. Aus La Môme Piaf wurde Edith Piaf. Die Beziehung zerbrach, als Raymond Asso bei Ausbruch des Zweiten Weltkriegs eingezogen wurde. Der Dichter Jean Cocteau, der Edith Piafs schauspielerisches Talent entdeckte, schrieb für sie und ihren neuen Lebenspartner Paul Meurisse den Einakter »Le Bel Indifférent«, der 1940 uraufgeführt und ein großer Erfolg wurde. Bevor sie sich von Meurisse trennte, spielte sie noch mit ihm zusammen in dem Film »Montmartre-sur-Seine« (1941).

In den kommenden Jahren widmete sich Edith Piaf nicht nur ihrer eigenen Karriere, sondern förderte auch noch unbekannte Künstler, mit denen sie teilweise auch Liebesbeziehungen einging. Zu den von ihr geförderten Talenten, die nachher selber berühmt wurden, gehörten Yves Montand, Charles Aznavour und Eddie Constantin.

Als in Europa gefeierter Star beschloss Edith Piaf 1947, auch den nordamerikanischen Markt erobern zu wollen. Nach kurzen Anlaufschwierigkeiten konnte sie auch in den Vereinigten Staaten große Erfolge verbuchen. In New York verliebte sie sich in den bekannten französischen Boxer Marcel Cerdan. Er wurde die große Liebe ihres Lebens. Zwar war er verheiratet und hatte Kinder, dennoch entwickelte sich eine stürmische Liebesbeziehung. Das Glück endete jäh nach zwei Jahren, als Cerdan bei einem Flugzeugabsturz ums Leben kam. Trotz ihrer tiefen Trauer unternahm sie unablässig Tourneen, da ihr die Arbeit und die Bewunderung des Publikums Halt gaben.

1951 spielte Edith Piaf die Hauptrolle in Marcel Achards Operette »La P'tite Lili«. Bei einem Autounfall im September diesen Jahres trug sie einen gebrochenen Arm und zwei gebrochene Rippen davon. Gegen ihre Schmerzen wurden ihr Morphiuminjektionen verabreicht, von denen sie süchtig wurde. Zu der Morphinabhängigkeit kam bald auch noch Alkoholsucht hinzu. Die frühen fünfziger Jahre gelten trotzdem als ihre musikalisch besten Jahre. Nach vielen wechselnden Liebhabern heiratete Edith Piaf im Juni 1952 den Sänger und Chansontexter Jacques Pills, der zusammen mit Gilbert Becaud für sie »Je t'ai dans la peau« schrieb. Die Ehe endete bereits 1957 mit der Scheidung. 1958 spielte sie in dem letzten ihrer insgesamt zehn Filme »Les amants de demain«. Ihr exzessiver Alkohol- und Drogenkonsum sorgte immer wieder für Zusammenbrüche, die Entziehungskuren nach sich zogen. Mehrere schwere Operationen belasteten sie zusätzlich. Obwohl gesundheitlich schwer angeschlagen, gab sie weiterhin Konzerte und sang 1960 ihr wohl berühmtestes Lied »Non, je ne regrette rien«, das deutlich autobiografische Züge aufweist.

Im Oktober 1962 heiratete sie den zwanzig Jahre jüngeren Griechen Theophanis Lamboukas, den sie als Sänger aufzubauen begonnen und dem sie den Künstlernamen Théo Sarapo gegeben hatte. Am 21. Februar 1963 trat Edith Piaf zum letzten Mal öffentlich auf. Die rapide Verschlechterung ihres Gesundheitszustandes zwang sie dazu, sich nach Plascassier bei Grasse zurückzuziehen, wo sie am 10. Oktober 1963 mit 47 Jahren verstarb. An ihrer Beerdigung auf dem Pariser Friedhof Père Lachaise nahmen 40.000 Trauergäste teil.

Indira Gandhi

* 1917 in Allahabad (Indien)
† 1984 in Neu-Dehli (Indien)

Politikerin und Premierministerin Indiens

»Indira ist Indien, Indien ist Indira.«

(Slogan der Kongresspartei)

Die politische Karriere der indischen Premierministerin In-dira Gandhi endete 1984 abrupt durch ein Attentat. Früher als in der einstigen Kolonialmacht Großbritannien war es mit ihr erstmals einer Frau in Indien gelungen, Vorsitzende einer be-deutenden Partei und Regierungschefin zu werden. Dies ist um so bemerkenswerter, da Frauen nur einen geringen Stellenwert in der indischen Gesellschaft innehaben. Obwohl die Frauen ihr sicherstes Wählerreservoir waren, interessierte sich Gandhi nicht für die unterdrückten Frauen in ihrem Land.

Als einzigem Kind des ersten indischen Premierministers Nehru war für Indira Gandhi der Weg in die Politik vorgezeich-net. In ihrer Regierungszeit stieg das heterogene Riesenreich In-dien zur zehntgrößten Industriemacht der Welt auf, entwickelte eine eigene Atombombe und schickte Satelliten ins Weltall. Als »Mutter Indiens« bezeichnet, erwies sich die Regierungschefin aber vielfach weniger als mütterliche denn als harte Herrscherin und rücksichtslose Machtpolitikerin. Ihr autoritärer Führungs-stil trug mit zu ihrer Entzauberung bei.

Als Tochter von Jawaharlal und Kamala Nehru wurde Indira Priyadarshini Nehru am 19. November 1917 in Allahabad in eine vornehme und wohlhabende Brahmanenfamilie hineingeboren. Bereits ihr Großvater Motilal Nehru hatte als zweimaliger Prä-sident der Kongresspartei den Grundstein zur politischen Be-deutung der Familie Nehru gelegt. Indira erlebte eine unruhige Kindheit, da der Kampf um die Unabhängigkeit Indiens von der britischen Kolonialherrschaft in ihrem stark politisch geprägten Elternhaus im Vordergrund allen Interesses stand. Sie selbst sagte rückblickend: »Alle meine Spiele waren politischer Natur, für mich war die Politik einfach da. Sie gehörte zu meinem Le-ben.« Ihr Vater war als enger Mitarbeiter von Mahatma Gandhi mehrfach über längere Zeit in Haft. Ihre an Tuberkulose erkrankte Mutter, die bereits 1936 verstarb, war ebenfalls politisch aktiv. Wie ihr Vater besuchte Indira Schulen und Universitäten in Indien und Europa.

Trotz der Einwände ihrer Familie heiratete Indira Nehru im März 1942 den Parsen Shri Feroze Gandhi, der mit dem berühmten Mahatma Gandhi aber nicht verwandt war. Die Namensgleichheit sollte sich später als nützlich für Indira Gandhis Karriere erweisen. In den kommenden Jahren beschränkte sie sich auf ihre Rolle als Ehefrau und Mutter. 1944 bzw. 1946 kamen ihre Söhne Rajiv und Sanjay zur Welt. Obwohl sich ihre Ehe unglücklich entwickelte, war Indira Gandhi gegen eine Scheidung. Sie zog zu ihrem Vater, der seit der Unabhängigkeit 1947 indischer Premierminister war, und wurde dessen Sekretärin und engste Beraterin. Bei Empfängen fungierte sie als Erste Dame Indiens. 1959 kehrte sie wieder selbst in die Politik zurück, als sie Präsidentin der Kongresspartei wurde. Mit der Herrschaft über die wichtigste Partei im Land besaß sie die Voraussetzung für die Herrschaft über Indien. 1960 starb ihr Ehemann. Schuldgefühle ließen die Witwe zeitweise depressiv werden: »Ich habe mich selbst immer als positiv eingestellte Person gesehen. Nun fühle ich mich schrecklich negativ. Ich bin nicht krank. Ich bin nicht gesund. Ich fühle mich einfach nicht lebendig. Niemand scheint den Unterschied zu erkennen.« Zeitweise spielte sie sogar mit dem Gedanken, Indien und der Politik endgültig den Rücken zu kehren.

Nach dem Tod ihres Vaters 1964 sammelte Indira Gandhi erste administrative Erfahrungen als Informationsministerin in der Regierung von Lal Bahadur Shastri. Zum Missfallen des Premierministers agierte die machtbewusste Ministerin über seinen Kopf hinweg. Nach Shastris Tod im Januar 1966 wurde Indira Gandhi von der Kongresspartei zur Premierministerin und Fraktionsvorsitzenden der Partei gewählt. Am 24. Januar wurde sie als Regierungschefin vereidigt. Politisch setzte sie weitgehend den Kurs ihres Vaters fort, der innenpolitisch eine Art Staatssozialismus verfolgt hatte, während er außenpolitisch auf Blockfreiheit gesetzt hatte. Sie verstaatlichte 1969 die Banken und strich den indischen Prinzen die Staatspensionen, die sie als Entschädigung für ihre Fürstentümer erhalten hatten. Mit dem Slogan »Weg mit der Armut« gewann sie 1971 die Wahlen. Als geschickte Machtpolitikerin erwies sie sich, als sie der Unabhängigkeitsbewegung im Ostteil Pakistans militärisch zu Hilfe kam. Der Krieg zwischen Indien und Pakistan im Dezember 1971 dauerte zwei Wochen und endete mit der bedingungslosen Kapitulation Pakistans. Mit der Gründung des freien Bangladesh hatte Indira Gandhi den Nachbarstaat Pakistan entscheidend geschwächt, wodurch Indien die stärkste Macht auf dem Subkontinent wurde. Indira Gandhi war auf dem vorläufigen Höhepunkt ihrer Macht und Beliebtheit. Im März 1972 gewann die Kongresspartei bei den Wahlen 70 Prozent der Sitze. Zu diesem Sieg hatte neben dem außenpolitischen Erfolg auch die von Indira Gandhi durchgeführte Grüne Revolution beigetragen, die die Lebensmittelknappheit weitgehend beendete. Von ihren politischen Gegnern wurde ihr allerdings Wahlfälschung vorgeworfen. Nach einem Gerichtsverfahren wurde Indira Gandhi durch den Hohen Gerichtshof von Allahabad am 12. Juni 1975 schuldig gesprochen. Ihr Parlamentssitz sollte ihr entzogen werden, außerdem sollte sie für sechs Jahre von der Kandidatur zur Wahl ausgeschlossen werden. Statt zurückzutreten, rief sie am 26. Juni 1975 den Notstand aus und erteilte sich selbst außerordentliche Vollmachten. Sie ließ politische Gegner verhaften, die Presse zensieren und die bürgerlichen Rechte der Bevölkerung einschränken. Von ihrem Tun scheinbar vollkommen überzeugt erklärte sie: »Einem schwerkranken Patienten muss man eben eine bittere Medizin verabreichen.« Der Ausnahmezustand dauerte neunzehn Monate. Auf den Verlust der Wahlen 1977 reagierte sie mit Unverständnis.

Da ihr Nachfolger Morarji Desai an den wirtschaftlichen und sozialen Problemen des Landes scheiterte, konnte Indira Gandhi im Januar 1980 wieder einen Wahlerfolg feiern. Die innenpolitischen Probleme Indiens wurden ihr allerdings vier Jahre später zum Verhängnis. Im Bundesstaat Punjab war es zu schweren Unruhen zwischen Hindus und separatistischen Sikhs gekommen. Um die Einheit der Union zu wahren, hatten indische Truppen auf Anordnung Indira Gandhis das Heiligtum der Sikhs, den Goldenen Tempel von Amritsar, gestürmt. Bei der Operation Blue Star am 5. Juni 1984 starben 90 Soldaten und 712 Sikh-Extremisten, Teile des Tempelkomplexes wurden zerstört. Um ihre Vorurteilslosigkeit zu beweisen, lehnte es Indira Gandhi aber ab, ihre Sikh-Leibwächter zu entlassen. Wenige Monate später starb die Premierministerin am 31. Oktober im Kugelhagel dieser Leibwächter im Vorgarten ihres Bungalows in Neu-Delhi. In den Tagen nach ihrer Ermordung wurden Tausende Sikhs vom Mob ermordet. Ihr Sohn Rajiv Gandhi, den

sie ganz im dynastischen Denken befangen als Nachfolger herangezogen hatte, folgte ihr als Premierminister (bis 1989) und
als Vorsitzender der Kongresspartei nach. 1991 ereilte ihn ein
ähnliches Schicksal wie seine Mutter – auch er kam bei einem
Attentat ums Leben.

Eva (Evita) Perón

* 1919 in Los Toldos (Argentinien)
† 1952 in Buenos Aires (Argentinien)

Schauspielerin, Rundfunksprecherin, später
Primera Dama von Argentinien

> »Ich will, dass die Geschichte von mir nur sagt:
> An der Seite General Peróns stand eine Frau, eine Frau,
> die ihm die Hoffnungen und die Bedürfnisse des Volkes zutrug,
> und ihr Name war Evita.«
>
> (Evita Perón)

Die schillernde, umstrittene argentinische Präsidentengattin Evita Perón, die Ende der 1940er Jahre auf dem Höhepunkt ihrer Karriere stand, wird noch heute von vielen ihrer Landsleute wie eine Heilige verehrt. Obwohl sie nie ein politisches Amt innehatte, gilt sie als Pionierin im Kampf um die Demokratisierung ihrer Heimat. Sie setzte das Frauenwahlrecht durch und engagierte sich sozial.

Evita Perón wurde am 7. Mai 1919 in dem Dorf Los Toldos als Maria Eva Duarte geboren. Sie war das jüngste von fünf unehelichen Kindern der Köchin Juana Ibarguren und des Großgrundbesitzers Juan Duarte. In einfachen Verhältnissen aufgewachsen träumte sie davon, eine erfolgreiche Schauspielerin zu werden.

Da es ihr an Talent fehlte, entwickelte sich ihre Schauspielkarriere nicht sehr erfolgreich. Nach Meinung ihrer Kollegin Pierina Dealessi war sie »kalt wie ein Eisberg, unfähig, das Publikum mitzureißen«. Sie war deshalb gezwungen sich ihren Lebensunterhalt teilweise mit anrüchigen Jobs in Nachtklubs zu verdienen. Später sprach sie nie über diesen Abschnitt ihres Lebens. Fest entschlossen doch noch Erfolg zu haben, suchte sie sich einflussreiche Liebhaber. Mit deren Hilfe gelang es ihr bei verschiedenen Rundfunksendern tätig zu werden und schließlich eine bekannte Rundfunksprecherin mit eigener Sendung zu werden.

1944 lernte die 24-jährige Eva Duarte auf einer Wohltätigkeitsveranstaltung den ehrgeizigen Coronel und Minister für

Arbeit und Wohlfahrt Juan Domingo Perón kennen. Noch am selben Abend wurde sie seine Geliebte. Bald schon warb sie in ihrer Radio-Show mit Leidenschaft für das politische Programm Peróns, der sich für mehr soziale Gerechtigkeit und eine unabhängige, starke Wirtschaft Argentiniens einsetzte. »Ich habe mich fanatisch Perón und den Idealen Peróns verschrieben«, erklärte sie später, »ohne Fanatismus kann man nichts vollbringen.« Mit ihrer emotionsgeladenen Sendung sprach Eva Duarte vor allem das einfache Volk an, das in ihr »eine von uns« zu erkennen glaubte. Obwohl sie inzwischen durch ihre erfolgreiche Tätigkeit beim Radio recht wohlhabend war, verwies sie immer wieder auf ihr eigenes Aufwachsen in Armut, um ihre Solidarität mit den Armen zu zeigen.

Als Perón bei einem Putsch im Oktober 1945 verhaftet wurde, kam es zu einem beispiellosen Protestmarsch, dem Marsch der »Descamisados« (Hemdlosen), an dem sich mehr als 200.000 Menschen beteiligten. Entgegen dem peronistischen Mythos war Eva Duartes Rolle bei den Ereignissen um den 17. Oktober von geringer Bedeutung. Die Putschisten gaben nach und ließen Perón frei. Am 21. Oktober heiratete er seine Geliebte, die zu Maria Eva Duarte de Perón wurde. Sechs Monate später wurde Perón zum Präsidenten gewählt, nachdem ihn seine junge Ehefrau massiv im Wahlkampf unterstützt hatte.

Die vornehme Gesellschaft von Buenos Aires brachte der nun blondierten Präsidentengattin wegen ihrer Herkunft, ihrer früheren Promiskuität und ihrer Geltungssucht nur Verachtung entgegen. Evita Perón schien jedoch am Ziel ihrer Träume zu sein. Sie gab enorme Summen für teuere Modellkleider, Pelze und exquisiten Schmuck aus. Gegen Ende ihres Lebens besaß sie eine umfangreiche Juwelensammlung. Dem spanischen Diktator Franco, der sich über diesen Luxus wunderte, erklärte sie: »Die Armen lieben es, mich hübsch zu sehen. Sie wollen nicht von einer schlecht gekleideten Alten beschützt werden. Sie träumen von mir, und ich darf sie nicht enttäuschen.«

Zwar gab es oft Spannungen in ihrer Ehe, aber als Primera Dama von Argentinien stieg Evita Peróns politischer Einfluss. 1947 besuchte sie auf einer zweimonatigen »Regenbogentour« Spanien, Italien, Frankreich und die Schweiz, um Werbung für die Regierung Perón zu machen, die zunehmend in den Verdacht faschistischer Züge geriet. Die Peronisten sahen ihre Politik selbst als dritten Weg zwischen Kommunismus und Kapitalismus. Evita Perón wurde auf dieser Reise zu einer weltbekannten Persönlichkeit. Zwar übernahm sie nie ein offizielles Staatsamt, trotzdem konnte sie für die Argentinierinnen 1947 das Wahlrecht durchsetzen.

1949 gründete sie eine Wohlfahrtsstiftung zur Unterstützung der Armen, die »Fundación Eva Perón«, die sich unter ihrer Führung zum Mittelpunkt der Sozialarbeit der Perón-Regierung entwickelte. Ebenfalls 1949 gründete sie die Frauenorganisation der Peronistischen Partei. Aus Rücksicht auf ihren Ehemann und in Anbetracht des Widerstands des Militärs gegen ihre Aktivitäten bemühte sie sich, ihre Handlungen als durch die Weisheit Peróns »inspiriert« oder »ermutigt« zu begründen. Schließlich versuchte sie 1951 ihre Macht durch die Kandidatur zur Vizepräsidentschaft auf eine reelle Basis zu stellen. Die Militärs reagierten darauf verärgert. Unter diesem starken Druck und wegen ihrer Erkrankung bewog Juan Perón aus Sorge um seine Wiederwahl seine Frau dazu, am 31. August eine Kandidatur abzulehnen.

De facto agierte die humorlose, aber mit demagogischen Fähigkeiten gesegnete Evita Perón als Ministerin für Gesundheit und Arbeit und gestand den Gewerkschaften großzügige Lohnerhöhungen zu. Politisch gab sich das Präsidentenpaar Perón sozial, doch sie herrschten Diktatoren gleich. Die Universitäten, die Banken und die Börse von Buenos Aires wurden verstaatlicht. Schlüsselpositionen wurden mit Vertrauensleuten besetzt, Gegner gnadenlos von der Geheimpolizei verfolgt und die Pressefreiheit aufgehoben. Evita Perón bestritt, dass sie nachtragend sei und sich für frühere schlechte Behandlung rächen wolle: »Ich kämpfe gegen alle Privilegien der Macht und des Reichtums. Das soll heißen, gegen alles, was die Oligarchie darstellt, nicht weil die Oligarchie mich zu irgendeinem Zeitpunkt schlecht behandelt hat. (…) Mein spezieller Groll hat seinen Ursprung ganz und gar nicht im Hass.« Wegen Evita Peróns großen sozialen Engagements standen die Armen hinter ihr, während die Opposition gegen ihren Ehemann wuchs.

Anfang September 1951 erkrankte sie an Unterleibskrebs. Noch vor ihrem Tod veröffentlichte sie ihre von dem Journalisten Manuel Penella de Silva verfasste Autobiografie »La razón de mi vida« (Der Sinn meines Lebens). Am 26. Juli 1952 starb Evita Perón im Alter von 33 Jahren in Buenos Aires. Ihr Körper wurde einbalsamiert, in einem Sarg mit Glasdeckel aufgebahrt und zur Schau gestellt. Vergeblich wurde Papst Pius XII. gebeten, die Heiligsprechung Evita Peróns in die Wege zu leiten.

Drei Jahre nach ihrem Tod wurde Präsident Perón durch eine Militärrevolte gestürzt und musste ins Exil fliehen. Obwohl die jahrelang unterdrückten Anti-Peronisten fast jede Erinnerung an Evita Perón zu vernichten versuchten, bleibt ihr Mythos scheinbar unzerstörbar.

Sophie Scholl

* 1921 in Forchtenberg/Kocher
† 1943 in München-Stadelheim

Studentin und Widerstandskämpferin

>*Was liegt an meinem Tod, wenn durch unser Handeln
Tausende von Menschen aufgerüttelt und geweckt werden.*«

(Sophie Scholl)

Anfang August 1942 notierte Sophie Scholl in ihrem Tagebuch: »Viele Menschen glauben von unserer Zeit, dass sie die
letzte sei. All die schrecklichen Zeichen können es glauben machen. Aber ist dieser Glaube nicht von nebensächlicher Bedeutung? Denn muss nicht jeder Mensch, einerlei in welcher Zeit
er lebt, dauernd damit rechnen, im nächsten Augenblick von
Gott zur Rechenschaft gezogen zu werden? Weiß ich denn, ob
ich morgen früh noch lebe?« Zu diesem Zeitpunkt hatte sich die
junge Studentin bereits der Widerstandsgruppe »Weiße Rose«
gegen das nationalsozialistische Regime angeschlossen.

Sophie Scholl wurde am 9. Mai 1921 im württembergischen
Forchtenberg geboren, wo ihre Familie bis 1930 lebte. Ihre Eltern, der liberal-demokratisch eingestellte Bürgermeister von
Forchtenberg Robert Scholl und seine Ehefrau Magdalene Mül-
ler, eine ehemalige Krankenschwester, erzogen ihre Kinder in
christlich-humanistischem Geist. Sophie Scholl wuchs im Kreis
von vier Geschwistern auf. Während ihrer Gymnasialzeit in
Ulm, wo der Vater eine Kanzlei als Wirtschaftsprüfer und Steu-
erberater betrieb, ließ sie sich wie ihr älterer Bruder Hans Scholl
von dem von den Nationalsozialisten propagierten Gemein-
schaftsideal beeindrucken und trat deshalb gegen den erklärten
Willen ihres Vaters im Januar 1934 dem Bund Deutscher Mädel
(BDM) bei. Sie übernahm dort bald Führungsaufgaben. Wegen
»bündischer Umtriebe« wurde sie jedoch 1937 zusammen mit
ihrem Bruder für einige Stunden verhaftet und verlor ihren
Rang als Gruppenführerin.

Nach dem Abitur begann Sophie Scholl 1940 eine Ausbildung zur Kindergärtnerin in der Hoffnung auf diese Weise dem
Reichsarbeitsdienst als Vorleistung für ein Studium entgehen zu

können. Dies stellte sich als Irrtum heraus, und sie musste für je ein halbes Jahr zum Reichsarbeitsdienst und zum Kriegshilfedienst. Während dieser Zeit fühlte sie sich zunehmend von dem nationalsozialistischen Regime abgestoßen. Die dort herrschende autoritäre Atmosphäre behagte ihr nicht: »Ich bin beinahe entsetzt, unter annähernd 80 Menschen nicht einen zu finden, der etwas Kultur hätte.«

Im Mai 1942 begann Sophie Scholl mit einem Biologie- und Philosophiestudium an der Ludwig-Maximilians-Universität München, die damals zu den akademischen Hochburgen des Nationalsozialismus gehörte. Durch ihren Bruder Hans, der als Mitglied einer Studentenkompanie zwischen Fronteinsätzen als Sanitäter in München Medizin studierte, lernte sie andere Studenten kennen, die sie in ihrer Ablehnung des Nationalsozialismus bestärkten. Besonders beeindruckten die Studentin die Arbeiten des katholischen Publizisten Theodor Haecker, der von den Nationalsozialisten ein Publikationsverbot erhalten hatte. Gegen den Willen ihres Bruders engagierte sie sich in der illegalen und lebensgefährlichen Verbreitung von Flugschriften der studentischen Widerstandsgruppe »Weiße Rose«, wobei unklar ist, ob sie bereits im Sommer 1942 an den Aktionen beteiligt war. In diese Zeit fiel auch die Verhaftung des Vaters der Geschwister. Robert Scholl wurde für vier Monate inhaftiert, da er Adolf Hitler als eine »große Gottesgeißel« bezeichnet hatte und von einer Sekretärin denunziert worden war.

Im Januar 1943 war Sophie Scholl erstmals an der Herstellung eines Flugblattes beteiligt. Aus dem Bestreben heraus, eine gesamtdeutsche Widerstandsbewegung zu schaffen, und in der Hoffnung auf eine größere Resonanz in der Bevölkerung angesichts der katastrophalen militärischen Lage bemühten sich die Mitglieder der Gruppe die Flugschriften außer in München auch in mehreren anderen deutschen und österreichischen Großstädten zu verteilen. Dies löste eine intensive Großfahndung nach den Verfassern der Flugblätter aus. Die Geheime Staatspolizei (Gestapo) vermutete die Urheber in Münchner Studentenkreisen. Das sechste und letzte Flugblatt rief zum Sturz des NS-Regimes und zum Aufbau eines »neuen geistigen Europa« auf.

Zwei Tage bevor es zur Verteilung dieses letzten Flugblattes in der streng bewachten Münchner Universität kam, hatte Sophie Scholl ganz durchdrungen von der Richtigkeit ihrer Aktivitäten geäußert: »Es fallen so viele Menschen für dieses Regime, es wird Zeit, dass jemand dagegen fällt.« Als die Geschwister Scholl am 18. Februar 1943 etwa 1.700 Flugblätter verteilten, wurden sie dabei von dem Hausmeister der Universität Jakob Schmid, einem SA-Mann, beobachtet, der sie beim Rektorat meldete. Nach einem mehrstündigen Verhör durch den Universitätssyndikus Dr. Ernst Haeffner und den Universitätsrektor Professor Walther Wüst wurden die Geschwister Scholl zusammen mit Christoph Probst, einem weiteren Mitglied der »Weißen Rose«, von der Gestapo verhaftet.

Sophie Scholl wurde vom 18. bis 20. Februar durch den Kriminalobersekretär Robert Mohr in der Münchner Gestapo-Zentrale im Wittelsbacher Palais in der Brienner Straße verhört. Die Studentin versuchte dabei, ihre Freunde zu schützen, indem sie sich und ihren Bruder als die Hauptakteure darstellte. Zu Mohr sagte sie: »Ich würde alles genau noch einmal so machen, denn nicht ich, sondern Sie haben die falsche Weltanschauung.« Am 22. Februar folgte im Münchner Justizpalast der Prozess vor dem Volksgerichtshof unter dem Vorsitz des tobenden Präsidenten Roland Freisler, der eigens aus Berlin angereist kam. Gemeinsam mit ihrem Freund Christoph Probst wurden die Geschwister Hans und Sophie Scholl in einem Schnellverfahren zum Tod verurteilt und noch am selben Tag im Strafgefängnis München-Stadelheim mit der Guillotine hingerichtet. Sophie Scholl ging nach den Worten der Wächter ganz gefasst in den Tod: »Dann wurden sie abgeführt, zuerst das Mädchen. Sie ging, ohne mit der Wimper zu zucken. Wir konnten alle nicht begreifen, dass so etwas möglich war. Der Scharfrichter sagte, so habe er noch niemanden sterben sehen.« In ihrer Zelle blieb die Anklageschrift zurück, auf die sie das Wort »Freiheit« geschrieben hatte. Ihr Verlobter Fritz Hartnagel, der die Laufbahn eines Berufsoffiziers eingeschlagen hatte, erfuhr im Lazarett in Lemberg von der Hinrichtung Sophie Scholls. Nach der Hinrichtung der Studenten wurde das letzte Flugblatt der »Weißen Rose« in England nachgedruckt und von britischen Flugzeugen über Deutschland abgeworfen. Außerdem wurde der Inhalt durch den Sender British Broadcast Corporation (BBC) verbreitet.

Im Jahr 2003 wurde die jung verstorbene Widerstandskämpferin mit einer Büste in der Walhalla, der Ruhmes- und Ehrenhalle an der Donau, geehrt und damit in die Reihe deutscher Geistes- und Geschichtsgrößen aufgenommen. Ihre Lebensgeschichte wurde bereits mehrfach filmisch verarbeitet, zuletzt in dem Spielfilm »Sophie Scholl – Die letzten Tage« von Marc Rothemund.

MARIA CALLAS

* 1923 in New York City (New York, USA)
† 1977 in Paris

Opernsängerin

>*Callas besaß das ¸sine qua non´ für eine große Karriere,
ein augenblicklich wiedererkennbares persönliches Timbre.*«

(WALTER LEGGE)

Die weltberühmte Opernsängerin Maria Callas kam als Maria Anna Sofia Cecilia Kalogeropoulos am 2. Dezember 1923 in New York zur Welt. Ihre Eltern George Kalogeropoulos und Evangelia Dimitriadis waren aus Griechenland in die Vereinigten Staaten ausgewandert. 1929 wandelte George Kalogeropoulos den Familiennamen in »Callas« um, als er in Manhattan eine Apotheke eröffnete. Nach der Trennung von ihrem Ehemann kehrte Evangelia Callas 1937 mit ihren beiden Töchtern nach Griechenland zurück.

Ihren ersten Klavierunterricht hatte Maria Callas im Alter von acht Jahren erhalten, was es ihr später ermöglichte, alle ihre Partien ohne die Hilfe eines Korrepetitors einzustudieren. Noch während ihres Studiums am Athener Konservatorium gab sie am 2. April 1939 ihr Operndebüt als Santuzza in einer Studentenaufführung der »Cavalleria rusticana« von Pietro Mascagni. Als sich die Callas bei der Koloratursopranistin Elvira de Hidalgo als Schülerin vorstellte, war die Gesangslehrerin zunächst eher ablehnend eingestellt, bis die Callas zu singen anfing: »Ich lauschte mit geschlossenen Augen und stellte mir vor, welch eine Freude es sein musste, mit solchem Material zu arbeiten und es bis zur Perfektion zu formen.« Ihren ersten professionellen Auftritt hatte die Callas am 21. Januar 1941 in einer Aufführung der Operette »Boccaccio« von Franz von Suppé in Athen.

Nach dem Zweiten Weltkrieg ging Maria Callas in die Vereinigten Staaten zurück. Bereits im Dezember 1945 sang sie an der Metropolitan Opera in New York, allerdings erhielt sie kein Engagement. 1947 wurde sie für die Opernfestspiele in Verona für die Titelpartie in »La Gioconda« von Amilcare Ponchielli verpflichtet und trat außerdem in Venedig und Florenz auf.

In Florenz sang sie 1948 zum ersten Mal ihre Lieblingsrolle der Norma. Am 21. April 1949 heiratete sie den italienischen Unternehmer und Opernliebhaber Giovanni Battista Meneghini, den sie zwei Jahre früher kennen gelernt hatte. Als ihr Manager trieb er ihre Karriere in Italien und im Ausland voran.

Die bis dahin sehr füllige Sopranistin nahm 1954 innerhalb kurzer Zeit gezielt dreißig Kilogramm ab. Ihr figürliches Vorbild war die grazile Schauspielerin Audrey Hepburn. Mitte der 1950er Jahre befand sich Maria Callas auf dem Zenit ihrer Karriere und sang an allen bedeutenden Opernhäusern der Welt. Die für ihre Ausdrucks- und Wandlungsfähigkeit gerühmte Callas stellte nicht die gesangstechnische Perfektion in den Vordergrund, obwohl sie die Koloraturtechnik brillant beherrschte. Sie selbst hatte einmal erklärt: »Ich bin keine Sängerin, sondern eine Schauspielerin, die singt.« Zu ihren berühmtesten Rollen zählten die Violetta in »La Traviata« von Giuseppe Verdi, die Norma in der gleichnamigen Oper von Vincenzo Bellini und die Medea von Luigi Cherubini. Große Verdienste erwarb sich die Sängerin um die Wiederentdeckung und -belebung der Belcanto-Opern von Gioacchino Rossini und Gaetano Donizetti. Dirigenten und Regisseure rissen sich darum mit ihr zu arbeiten. Lucchino Visconti behauptete: »Ich inszenierte Traviata für sie allein, nicht für mich. Ich tat es, um Callas zu dienen, denn man muss einer Callas dienen.« Sie selbst fühlte sich wie in einem goldenen Käfig: »Je berühmter man ist, desto mehr Verantwortung liegt auf einem und desto kleiner und hilfloser fühlt man sich.« Die gefeierte Diva duldete allerdings auch keine Rivalin neben sich und vertrat die Auffassung, dass die Sopranistin Renata Tebaldi nicht mit ihr vergleichbar sei, da man ja auch nicht Champagner mit Coca-Cola vergleichen würde. Die bekannte Sängerin Elisabeth Schwarzkopf verkündete, nachdem sie die Callas in »La Traviata« gehört hatte, dass sie die Violetta nie mehr singen werde: »Welchen Sinn hätte es, sich an einer Partie zu versuchen, die von einer Kollegin so vollkommen dargeboten wird.«

Bei einer Galaaufführung der Oper »Norma« am 2. Januar 1958 in Rom sorgte die Callas für einen Skandal, als sie nach dem ersten Akt abbrach, weil sie zu erkältet sei. Für weiteren Gesprächsstoff sorgte sie, als sie sich noch im selben Jahr mit Antonio Ghiringhelli, dem Generaldirektor der Mailänder Scala, und Rudolf Bing, dem Direktor der Metropolitan Opera in New York, entzweite.

Das Ehepaar Meneghini folgte im Juli 1959 der Einladung

des griechischen Reeders und Multimillionärs Aristoteles Onassis zu einer dreiwöchigen Kreuzfahrt auf dessen Yacht »Christina«. Während dieses Urlaubs begann die Liebesaffäre zwischen der Sängerin und dem Tycoon, die zur Scheidung der Callas von ihrem Ehemann Meneghini führte. Bis zur Heirat von Onassis mit Jacqueline Kennedy im Oktober 1968 war die Verbindung zwischen den beiden berühmten Griechen ein Lieblingsthema der internationalen Boulevardpresse.

Zu Beginn der 1960er Jahre zog sich die Sopranistin von der Bühne zurück und widmete sich dem internationalen Jetsetleben an der Seite von Onassis. Dem Regisseur Franco Zeffirelli gelang es, sie 1964 für ein Comeback als Tosca in seiner Neuinszenierung der gleichnamigen Oper von Giacomo Puccini zu gewinnen. 1964/65 gastierte sie mit dieser Rolle in London, Paris und New York. Nach ihrem Zusammenbruch auf der Pariser Bühne am 29. Mai 1965 sang die Callas entgegen dem Rat ihrer Ärzte die Tosca noch ein letztes Mal am 5. Juli im Royal Opera House Covent Garden in London.

Ihr Versuch, 1969 als Schauspielerin zu reüssieren, scheiterte. Der Film »Medea« von Pier Paolo Pasolini mit ihr als Hauptdarstellerin war ein kommerzieller Reinfall.

Von 1971 bis 1972 unterrichtete Maria Callas an der Juilliard School of Music in New York, wofür sie allerdings zu wenig Ausdauer und didaktisches Einfühlungsvermögen besaß. In der amerikanischen Metropole traf sie ihren früheren Kollegen Giuseppe di Stefano wieder. Der einst gefeierte Tenor bewog sie dazu, mit ihm gemeinsam 1973/74 eine Welttournee zu unternehmen, die aber ein künstlerisches Desaster wurde. Bei dem Konzert am 11. November 1974 in Sapporo trat Maria Callas zum letzten Mal öffentlich auf.

Am 16. September 1977 starb Maria Callas mit nur 53 Jahren in Paris. Mit »La Divina«, die Göttliche, wie man sie bereits zu Lebzeiten genannt hatte, trat ein Opernstar von der Bühne ab, der bis heute als unerreichte »Primadonna assoluta« des 20. Jahrhunderts gilt. Viele ihrer großen Partien wurden auf Tonträger aufgenommen und ihre Einspielungen gelten teilweise noch heute als Referenzaufnahmen.

MARGARET THATCHER

* 1925 in Grantham/Lincolnshire
† 2013 in London

Chemikerin, Juristin, Politikerin und
Premierministerin des Vereinigten
Königreichs

> *»Die Lady dreht sich nicht nach dem Wind.«*
>
> (MARGARET THATCHER)

»Als ich Downing Street No. 10 elf Jahre, sechs Monate und
vierundzwanzig Tage, nachdem ich es zum ersten Mal als Premierministerin betreten hatte, zum letzten Mal verließ, quälte
mich ein Wirrwarr widersprüchlicher und konfuser Gedanken
und Gefühle. Aus dem Scheinwerferlicht des öffentlichen Da-
seins, in dem ich so lange gelebt hatte, ging es nun … wohin?«
Als Margaret Thatcher 1990 ihren Rückzug antrat, endete eine
der bemerkenswertesten politischen Karrieren des 20. Jahrhunderts.

Sie war nicht nur die erste Frau, die Vorsitzende einer bedeutenden westlichen Partei wurde, sondern es gelang ihr auch
als erster Frau in Großbritannien Regierungschefin zu werden.
Bemerkenswert ist dabei, dass ihr dieser Aufstieg gelang, obwohl sie dem englischen Kleinbürgertum entstammte, während
die führenden Köpfe der politischen Klasse in Großbritannien
bis heute weitgehend aus dem Establishment kommen. Margaret Thatcher regierte außerdem länger als jeder andere britische
Premierminister im 20. Jahrhundert. Bis heute wird ihre neoli-
berale Politik, die auch als Thatcherismus bezeichnet wird, kon-
trovers diskutiert. Ihre restriktive Wirtschafts- und Sozialpolitik
war vor allem auf eine Inflationsbekämpfung und Deregulie-
rung ausgerichtet.

Am 13. Oktober 1925 wurde sie als Margaret Hilda Roberts
in der Kleinstadt Grantham geboren. Ihr Vater Alfred Roberts
war Kolonialwarenhändler, methodistischer Laienprediger
und später Bürgermeister von Grantham. Ihre Mutter Beatrice
Stephenson war vor der Heirat Hausschneiderin gewesen. Als
ungeheuer ehrgeizige Schülerin erkämpfte sich Margaret einen

Studienplatz an der Eliteuniversität Oxford, wobei sie auf die Unterstützung ihres Vaters zählen konnte. »Ich verdanke ihm alles, einfach alles!« verkündete sie daher.

Fast sofort nach ihrem Studienbeginn 1943 trat sie dem Konservativen Studentenbund in Oxford bei, wo sie es dank ihres energischen Auftretens bis zur Präsidentin brachte. Nach dem Abschluss ihres Chemiestudiums 1946 arbeitete sie in der chemischen Industrie, wobei sie ihre Tätigkeit in der Konservativen Partei mehr begeisterte. 1951 heiratete sie den Unternehmer Denis Thatcher, zwei Jahre später kamen die Zwillinge Carol und Mark zur Welt.

Durch die Heirat finanziell unabhängig geworden, konnte sie sich auf ihr 1950 begonnenes Jurastudium konzentrieren, das für eine politische Karriere größere Chancen bot. Nach dem Abschlussexamen arbeitete sie in vier Kanzleien und spezialisierte sich auf Steuerrecht. Nach ihrer Nominierung als Kandidatin der Konservativen für den Wahlkreis Finchley im Norden Londons beendete sie ihre Anwaltstätigkeit: »Man kann sich im Leben zwei, nicht jedoch drei Aufgaben widmen. Man kann Abgeordnete und Hausfrau sein. Mehr nicht.«

Mit 34 Jahren gelang es Margaret Thatcher 1959, ein Unterhaus-Mandat zu gewinnen. Bis 1992 vertrat sie, immer wieder gewählt, Finchley als Abgeordnete im Parlament. Unter der konservativen Regierung Harold Macmillans war sie von 1961 bis 1964 Unterstaatssekretärin im Renten- und Versicherungsministerium, wo ihr ihre juristische Ausbildung zustatten kam. Von 1970 bis 1974 gehörte sie als Ministerin für Erziehung und Wissenschaft dem Kabinett von Edward Heath an. Da sie in dieser Funktion die kostenlose Schulmilch abschaffte, wurde sie als »Milchräuberin« angegriffen. Sie nutzte das eingesparte Geld zu anderweitigen Investitionen im Bildungswesen, so ließ sie z. B. eine Vielzahl kostenloser Kinderkrippen einrichten und dehnte die Schulgeldfreiheit aus.

Am 11. Februar 1975 übernahm Margaret Thatcher nach einer Kampfabstimmung gegen Amtsinhaber Edward Heath zur allgemeinen Überraschung den Vorsitz der Konservativen Partei und die Führung der Opposition im Unterhaus. Sie war überzeugt davon, dass sie Premierministerin werden würde, da nach ihrer Feststellung »alle Parteiführer der Konservativen Premierminister wurden«, und sie hatte vor, darauf zu achten, »dass an dieser Tradition festgehalten wird.« Nach dem Rücktritt der Labour-Regierung unter James Callaghan und dem Sieg der Konservativen bei den Neuwahlen 1979 wurde Margaret Thatcher die erste Premierministerin des Landes. »Ich spüre den Wind der Wende,« verkündete sie glücklich.

In dem im April 1982 ausgebrochenen argentinisch-britischen Konflikt um die von 1.800 Menschen bewohnten Falklandinseln beharrte Margaret Thatcher auf dem britischen Hoheitsanspruch und setzte Truppen ein, um das Gebiet zurückzugewinnen. Nach blutigen Kämpfen mussten die argentinischen Truppen im Juni kapitulieren. Als siegreiche Kriegsherrin wurde sie 1983 trotz wirtschaftlicher Probleme bei den vorgezogenen Unterhauswahlen im Amt bestätigt.

Die inzwischen als »Eiserne Lady« bekannte Politikerin setzte ihre monetaristische Wirtschaftspolitik fort, reduzierte die staatlichen Ausgaben, forcierte die Privatisierung von Staatsunternehmen und drängte den Einfluss der Gewerkschaften zurück. Mit ihrer harten Haltung im Druckerstreik und ihrer Unnachgiebigkeit in dem fast einjährigen Bergarbeiterstreik schwächte sie die Macht der Gewerkschaftsbewegung. Am 11. Oktober 1984 verübte die nordirische Terrororganisation IRA anlässlich des Parteitags der Konservativen in Brighton einen Bombenanschlag auf Margaret Thatcher und führende Regierungsmitglieder. Während die Premierministerin unverletzt blieb, wurden fünf Menschen getötet und viele verletzt.

Bei den vorgezogenen Wahlen 1987 gelang ihr der dritte Wahlsieg in Folge, der Margaret Thatcher die Fortsetzung ihrer bisherigen Politik ermöglichte. Vor allem die Einführung einer lokalen Kopfsteuer führte zu heftigen Protesten in der Bevölkerung, auch in ausgesprochen konservativ geprägten Landesteilen. Außenpolitisch machte sie vor allem durch ihre antieuropäische Haltung und ihre Zurückweisung einer fortschreitenden europäischen Integration von sich reden. Nach dem Fall der Mauer im November 1989 sprach sie sich gegen eine rasche deutsche Wiedervereinigung aus. Durch ihre Alleingänge in der Sozial- und Europapolitik, die allgemeine Unzufriedenheit mit der wirtschaftlichen Situation und die erneute Inflation wuchs der Widerstand in ihrer Partei. Als sich ihre Abwahl abzeichnete, erklärte Margaret Thatcher am 22. November 1990 ihren Rücktritt als Parteivorsitzende und Premierministerin. Nachfolger in beiden Ämtern wurde John Mayor.

Nachdem sie 1992 auf eine Wiederwahl in das Unterhaus verzichtet hatte, wurde Margaret Thatcher, wie bei ehemaligen Premierministern üblich, nobilitiert. Als »Baroness of Kesteven«

erhielt sie einen Sitz im Oberhaus. Drei Jahre später wurde sie in den Hosenbandorden aufgenommen, den höchsten Orden Englands. 1993 veröffentlichte sie den ersten Band ihrer Memoiren unter dem Titel »The Downing Street Years«, der zweite Band »The Path to Power« folgte 1995. Ihre letzten Lebensjahre waren von ihrer Demenzerkrankung überschattet. Als sie am 8. April 2013 an den Folgen eines Schlaganfalls verstarb, wurde der bis über ihren Tod hinaus polarisierenden Politikerin eine prunkvolle Trauerfeier in London ausgerichtet. Wie einst bei dem legendären Premierminister Winston Churchill 1965 war Königin Elizabeth II. anwesend und das Viertelgeläut des Big Ben im Parlamentsgebäude wurde abgeschaltet.

Audrey Hepburn

* 1929 in Brüssel
† 1993 in Tolochenaz/Lausanne

Schauspielerin, Mode-Ikone und UNICEF-
Sonderbotschafterin

> »Audrey Hepburn passt in kein Klischee,
> und kein Klischee passt auf sie.«
>
> (Time Magazine)

Der auf Truman Capotes satirischem Kurzroman basierende
Spielfilm »Frühstück bei Tiffany« (1961) prägte am nachhaltigs-
ten Audrey Hepburns Leinwand-Image. Vor allem jene Film-
szene, in der sie als exzentrisches Playgirl Holly Golightly vor
dem Schaufenster des Juweliers Tiffany steht, verknüpft sich auf
immer mit der Schauspielerin. Ihr schlicht-raffiniertes schwarzes Abendkleid, die mondänen Accessoires und die den Blick
verbergende große, dunkle Sonnenbrille lösten einen Mode-
trend aus und ließen die Hepburn zum vielkopierten Inbegriff
modischer Eleganz werden. Im April 2006 wählten sie die Leser
des britischen Magazins »New Woman« gar zur schönsten Frau
aller Zeiten.

Audrey Hepburn wurde als Tochter des britischen Bankiers
John Victor Hepburn-Ruston und der niederländischen Baronin
Ella van Heemstra am 4. Mai 1929 in Brüssel geboren und auf
die Namen Audrey Kathleen getauft. Ihre Kindheit und Jugend
wurden von der Scheidung ihrer Eltern und den Ereignissen des
Zweiten Weltkriegs überschattet, den Audrey im niederländischen Arnheim erlebte. Da sie früh eine Neigung zu Musik und
Tanz zeigte und von einer Karriere als Primaballerina träumte,
erhielt sie am dortigen Konservatorium eine Tanzausbildung.

Bevor sie 1948 mit ihrer Mutter nach London zog, um dort
ihre Ballettausbildung fortzusetzen, bekam sie ihre erste, wenn
auch kleine Rolle in dem holländischen Film »Die Niederlande in 7 Lektionen«. Um Geld für ihren Lebensunterhalt zu
verdienen, tanzte sie in einigen Musicals mit und arbeitete als
Fotomodell. Außerdem erhielt sie mehrere Nebenrollen in britischen Spielfilmen. Dreharbeiten in Frankreich verdankte sie die

Bekanntschaft mit der französischen Schriftstellerin Colette, die darauf bestand, dass die weitgehend unbekannte Audrey Hepburn 1951 die Hauptrolle der »Gigi« in der Bühnenfassung ihres gleichnamigen Romans am Broadway erhielt. Zu dieser Zeit wurde auch Hollywood auf sie aufmerksam.

Obwohl Audrey nur über wenig Erfahrung verfügte, erhielt sie die Hauptrolle in dem von William Wyler gedrehten Filmmärchen »Ein Herz und eine Krone« (1953). An der Seite von Gregory Peck spielte sie eine Prinzessin, die sich während eines offiziellen Besuchs in Rom für einen Tag den Zwängen des Protokolls entzieht und als gewöhnliche Bürgerliche die Stadt genießt. Wyler erklärte später: »Ich wollte eine Schauspielerin haben, der man glaubte, dass sie als Prinzessin aufgewachsen war. Das war neben schauspielerischem Können, gutem Aussehen und persönlicher Ausstrahlung die wichtigste Forderung.« Der Film wurde ihr erster Welterfolg und bescherte ihr 1954 den Oscar als beste Darstellerin. Im selben Jahr erhielt sie für ihre Rolle der »Undine« in Jean Giraudoux' Fabel den »Tony Award« als beste Bühnendarstellerin.

Bei ihrem nächsten Film »Sabrina« (1954) setzte Audrey Hepburn durch, dass der französische Modedesigner Hubert de Givenchy engagiert wurde, um ihre Verwandlung von der unscheinbaren Chauffeurstochter in eine elegante junge Dame glaubwürdiger erscheinen zu lassen. Seitdem entwarf Givenchy ihre Garderobe sowohl beruflich als auch privat. »Givenchys Kreationen gaben mir immer das Gefühl von Sicherheit und Selbstvertrauen,« hob die Schauspielerin rückblickend hervor, »die Arbeit fiel mir leichter in der Gewissheit, dass mein Äußeres perfekt stimmte.«

Als grazile Kindfrau verkörperte Audrey Hepburn einen neuen Typ und stellte ein Gegenbild zu den damals vorherrschenden kurvenreichen Sexgöttinnen der Leinwand dar. »Dieses Mädchen wird den Busen noch völlig aus der Mode bringen«, meinte der Regisseur Billy Wilder daher ironisch. Mit der ihr eigenen Mischung aus mädchenhaft-zurückhaltender Zerbrechlichkeit und damenhaft-kultivierter Eleganz prägte sie ihre Rollen in Filmen wie »Krieg und Frieden« (1956), »Ein süßer Fratz« (1957), »Ariane – Liebe am Nachmittag« (1957), »Geschichte einer Nonne« (1959), »Denen man nicht vergibt« (1960), »Infam« (1961), »Charade« (1963), »My Fair Lady« (1964), »Wie klaut man eine Million?« (1966) sowie »Zwei auf gleichem Weg« (1967).

Ab den späten sechziger Jahren war sie nur selten auf der Leinwand zu sehen. Einer ihrer letzten großen Erfolge war die Rolle der blinden Suzy Hendrix in dem Thriller »Warte, bis es dunkel ist« (1967). Danach zog sie sich ins Privatleben zurück: »Niemand hat mich gezwungen, mit der Arbeit aufzuhören. Es war allein mein Entschluss. Mein Heim gibt mir mehr Glück als alles andere. Es wäre doch entsetzlich traurig, wenn man auf eine Karriere beim Film zurückblickt und seine eigenen Kinder nicht kennt, oder?« Sicher spielten auch berufliche Erwägungen eine Rolle, denn es gab für sie keine geeigneten Rollen mehr. Die neuen Filmemacher hatten keine Verwendung für ihren elfenhaften Typ. 1975 wagte sie ein Comeback und spielte an der Seite von Sean Connery die alternde Lady Marian in »Robin und Marian«. Ihre letzte Rolle war die eines Engels in dem Film »Always« (1989) von Steven Spielberg.

Für ihr filmisches Lebenswerk wurde Audrey Hepburn 1990 mit dem »Cecil B. DeMille Award« ausgezeichnet. 1993 folgte der »Screen Actors Guild Lifetime Achievement Award«.

Ihr Privatleben verlief nicht so erfolgreich wie ihre Filmkarriere. Die 1954 geschlossene Ehe mit dem Schauspieler Mel Ferrer, aus der ihr 1960 geborener Sohn Sean stammte, wurde 1968 geschieden. Auch ihre zweite, 1969 eingegangene Ehe mit dem Psychiater Dr. Andrea Dotti, mit dem sie den 1970 geborenen Sohn Luca hatte, endete mit der Scheidung. 1980 lernte sie den Schauspieler Robert Wolders kennen, mit dem sie bis zu ihrem Tod meist in der Schweiz zusammenlebte.

Eine neue Herausforderung, der sie sich mit Begeisterung widmete, brachte ihr 1988 die Ernennung zur Sonderbotschafterin durch UNICEF, dem Kinderhilfswerk der Vereinten Nationen. »Die Arbeit für UNICEF ist sehr anstrengend«, bekannte Audrey Hepburn, »all diese Konferenzen, Recherchen, Reden. Aber nun habe ich endlich das Gefühl, dass ich über etwas rede, das wirklich der Mühe wert ist.« Um Projekte der UNICEF zu unterstützen, bereiste sie vor allem Lateinamerika und Afrika, organisierte Spendenaktionen und übernahm Schirmherrschaften. Für ihr humanitäres Engagement wurde sie postum mit dem »Jean Hersholt Humanitarian Award« ausgezeichnet.

Am 20. Januar 1993 erlag sie in ihrem Haus in Tolochenaz am Genfer See einem Krebsleiden. Um ihren Einsatz zugunsten leidender Kinder fortsetzen zu können, wurde 1994 der heute noch bestehende »Audrey Hepburn Children's Fund« begründet.

GRACE KELLY, FÜRSTIN GRACIA PATRICIA

* 1929 in Philadelphia (Pennsylvania, USA)
† 1982 in Monte Carlo

Schauspielerin, später Fürstin von Monaco

> *»Märchen erzählen erfundene Geschichten. Ich jedoch bin eine*
> *lebende Person. Ich existiere. Wenn man eines Tages mein*
> *Leben erzählt, wird man das wirkliche Wesen entdecken,*
> *das ich bin.«*
>
> (GRACE KELLY)

Als die monegassische Fürstin Gracia Patricia am 14. September 1982 an den Folgen eines Autounfalls starb, endete ein Leben, dessen Drehbuch scheinbar der Traumfabrik von Hollywood entstammte. Die frühere Filmschauspielerin Grace Kelly, die als Inbegriff von Stil und Schönheit galt und mit nur elf Filmen zu einem Weltstar geworden war, hatte seit ihrer Hochzeit mit dem Fürsten Rainier dem Zwergstaat Monaco märchenhaften Glanz verliehen. Für viele verkörperte sie den Traum vom großen Glück.

Grace Patricia Kelly wurde am 12. November 1929 in Philadelphia im amerikanischen Bundesstaat Pennsylvania als drittes von vier Kindern des erfolgreichen Bauunternehmers und mehrfachen Olympiasiegers im Rudern John Brendon Kelly und seiner Frau Margaret Majer geboren. Nach dem Highschool-Abschluss studierte sie von 1947 bis 1949 an der »American Academy of Dramatic Arts« in New York. Daneben arbeitete sie als Fotomodell und hatte Auftritte in TV-Werbespots. Nach einem ersten Engagement bei »Buck's County Playhouse« in New Hope in Pennsylvania konnte Grace Kelly 1949 ihr New Yorker Theaterdebüt in dem Strindberg-Drama »Der Vater« feiern, das allerdings nicht sehr erfolgreich verlief.

Nachdem sie bereits in zahlreichen Fernsehfilmen mitgewirkt hatte, erhielt die schöne und ausdrucksfähige Schauspielerin erste Filmrollen. Bereits ihr zweiter Filmauftritt als junge Quäkerin Amy an der Seite von Gary Cooper in dem von Fred Zinnemann gedrehten Western »Zwölf Uhr mittags« (1952) wurde ein großer internationaler Erfolg. Die Filmgesellschaft Metro Goldwyn Mayer (MGM) nahm sie unter Vertrag.

Ihr kometenhafter Aufstieg in der internationalen Filmwelt erfuhr 1955 mit der »Oscar«-Verleihung für die Hauptrolle in dem 1954 entstandenen Alkoholikerdrama »Ein Mädchen vom Lande« einen ersten Höhepunkt. Entgegen ihrem bisherigen Filmimage als kultivierte, elegante Lady spielte sie neben William Holden und Bing Crosby eine bieder-verhärmte Hausfrau. Kellys Vater erklärte nach der Auszeichnung stolz: »Von Grace hätte ich am wenigsten geglaubt, dass sie mich einmal im Alter unterstützen kann!«

1954 begann ihre erfolgreiche Zusammenarbeit mit dem Regisseur Alfred Hitchcock, dem Meister des psychologischen Kriminalfilms. Auf den Thriller »Bei Anruf Mord« folgten »Das Fenster zum Hof« (1954) und »Über den Dächern von Nizza« (1955). In diesen beiden Hitchcock-Filmen konnte Kelly ihre suggestive Ausstrahlungskraft als kühle und unnahbare Schönheit ausspielen, die sie zur typischen blonden Hitchcock-Heldin mit indirektem Sex-Appeal machte.

Während ihres Besuchs der Filmfestspiele von Cannes 1955 entstanden im Grimaldipalast für das französische Journal »Paris Match« gemeinsame Fotos mit Fürst Rainier III. von Monaco. Seitdem standen der Fürst und Grace Kelly in Briefkontakt. Heiratsgerüchte dementierte die Schauspielerin zunächst jedoch: »Natürlich möchte ich heiraten. Aber meine Karriere liegt mir mehr am Herzen als der Gedanke an die Ehe. Wenn ich jetzt aufhörte – und aufhören müsste ich, weil die Ehe nach meiner Auffassung eine Frau ganz beansprucht –, dann würde ich mich womöglich mein Leben lang mit dem Gedanken quälen, welch große Schauspielerin ich hätte werden können.« Am 5. Januar 1956 erfolgte die offizielle Verlobung. Die Mitgift der Braut betrug zwei Millionen Dollar. Da Grace Kelly weltweit als modisches Vorbild galt, benannte die französische Lederwarenfirma Hermès aus Anlass der Verlobung eine trapezförmige Handtasche nach ihr. Die sogenannte Kelly Bag gehört seitdem zu den Handtaschenklassikern.

Grace Kellys Filmkarriere endete 1956 mit den Filmen »Der Schwan«, in dem ihre künftige Rolle als Prinzessin gleichsam vorweggenommen wurde, und »Die oberen Zehntausend«, bei dem ihr das gemeinsam mit Bing Crosby gesungene Duett »True Love« eine Goldene Schallplatte einbrachte.

Am 18. April 1956 heirateten Grace Kelly und Fürst Rainier

standesamtlich, am 19. April folgte die kirchliche Trauung in der Kathedrale Saint-Nicolas in Monte Carlo. Das Ereignis wurde von den Medien als »Hochzeit des Jahrhunderts« gefeiert. Das Hochzeitskleid, das Grace dem Philadelphia Museum of Art stiftete, hatte die Hollywood-Kostümbildnerin Helen Rose im Auftrag des Filmstudios MGM gefertigt. Außerdem ließ MGM eine Dokumentation über die Hochzeit drehen. Als Fürstin von Monaco stand Gracia Patricia nach wie vor im Rampenlicht der Öffentlichkeit. Vor allem die Boulevardpresse berichtete gerne vom monegassischen Fürstenhof. Aus der Ehe mit Fürst Rainier stammten die drei Kinder Caroline (* 1957), Albert (* 1958) und Stéphanie (* 1965). Mit der Geburt von Prinz Albert hatte Gracia Patricia den Monegassen die weitere Unabhängigkeit von Frankreich gesichert.

Fürstin Gracia Patricia hatte anfangs Probleme mit ihrer neuen Rolle, denn sie verstand und sprach lange die französische Sprache schlecht. Der Hofstaat lehnte die »Amerikanerin« ab. Entsprechend ihrer Aufgabe als Landesmutter engagierte sich die Fürstin in karitativen Aufgaben und war Ehrenvorsitzende zahlreicher Institutionen und Organisationen. Sie organisierte Ballettabende, Konzerte und Wohltätigkeitsveranstaltungen. Sie rief die »Fondation Princesse Grace« zur Unterstützung monegassischer Künstler und Kunsthandwerker ins Leben. Daneben betätigte sie sich selbst als Künstlerin, indem sie Blumencollagen anfertigte und ausstellte.

Für Monaco zahlte sich die Heirat des Fürsten aus, denn der Touristenstrom hatte sich dank Gracia Patricia schon bald nach der Hochzeit verdoppelt. Wegen der von ihr weiterhin gepflegten Freundschaften mit früheren Kollegen kamen viele bekannte Filmstars nach Monte Carlo. Die von der Fürstin veranstalteten Feste zogen den internationalen Jetset an und machten aus Monte Carlo wieder einen Treffpunkt für die Reichen und Schönen.

Die nach ihrer Heirat an sie herangetragenen Angebote für Bühne und Film lehnte sie fast alle ab, da sich dies nach Ansicht ihres Ehemannes und des monegassischen Volkes nicht mit ihren Aufgaben als Landesmutter vertrug. »Auf der Leinwand wollte ich immer ein möglichst breites Repertoire spielen,« erklärte sie, »aber im Leben akzeptierte ich es, mich auf die Rolle einer Fürstin festlegen zu lassen.«

NIKI DE SAINT PHALLE

* 1930 in Neuilly-sur-Seine
† 2002 in San Diego (Kalifornien, USA)

Malerin, Bildhauerin und Aktionskünstlerin

»Ich wurde Künstlerin,
weil es für mich keine Alternative gab.«

(NIKI DE SAINT PHALLE)

In Deutschland wurde Niki de Saint Phalle vor allem durch ihre drei 1974 in Hannover am Leibnizufer aufgestellten leuchtendbunten »Nana«-Figuren bekannt. Die voluminösen Frauenfiguren wurden zu einem Wahrzeichen Hannovers. Am 17. November 2000 wurde sie zur ersten Ehrenbürgerin der Stadt ernannt. Aus diesem Anlass übereignete sie mehr als 400 ihrer Werke dem dortigen Sprengel-Museum.

Die am 29. Oktober 1930 in Neuilly-sur-Seine geborene Künstlerin hieß eigentlich Catherine Marie-Agnès Fal de Saint Phalle und entstammte einer großbürgerlichen Familie, die im Börsenkrach von 1929 ihr Vermögen verloren hatte. Ihr Vater André Marie Fal de Saint Phalle, der dem französischen Landadel entstammte, war Bankier. Ihre Mutter Jeanne Jacqueline Harper war Amerikanerin. Niki verbrachte ihre Kindheit und Jugend hauptsächlich in den Vereinigten Staaten, wo sie eine streng katholische Erziehung erhielt.

Zunächst schien sich eine erfolgreiche Karriere als Model abzuzeichnen. Ende der 1940er Jahre war die schöne Französin auf den Seiten der wichtigsten Modezeitschriften zu sehen. Mit achtzehn Jahren heiratete sie den jungen amerikanischen Musiker und späteren Schriftsteller Harry Matthews, mit dem sie 1951 und 1955 ihre beiden Kinder Laura und Philip bekam. Nach einem psychischen Zusammenbruch mit Suizidgefahr begann sie zu malen. Sie gab ihre Pläne, Schauspielerin zu werden, auf und wandte sich der Kunst zu. Erste Gemälde entstanden.

1956 begegnete sie dem Schweizer Bildhauer und Objektkünstler Jean Tinguely, von dem sie sagte, dass er die Person war, »die ich treffen musste«. Tinguely gehörte der progressiven avantgardistischen Künstlergruppierung Nouveau Realisme an.

Die beiden Künstler gingen eine enge Arbeits- und Lebensgemeinschaft ein. 1971 heirateten sie, nachdem sich Niki de Saint Phalle bereits 1960 von ihrem Mann und den Kindern getrennt hatte.

Mit einem Schlag berühmt wurde die Autodidaktin in der Kunstszene durch ihre »Schießbilder«. Am 12. Februar 1961 entstand das erste ihrer »Schießbilder«. Bei diesen Aktionen schoss sie auf eingearbeitete Farbbeutel in weißen Gipsreliefs, wodurch die Farbbeutel aufspritzten und sich die Farbe über das Bild ergoss. An die Stelle des bewussten Schöpferakts des Künstlers setzte sie die automatische Geste des Abdrückens. Allein die Energie des Moments gestaltete das Bild. Sie selbst sagte dazu: »1961 schoss ich gegen Daddy, gegen alle Männer, gegen alle, gegen die Gesellschaft, gegen mich selbst (…).«

Ab 1964 beschäftigte sich Niki de Saint Phalle mit den »Nanas«. Diese Figuren machten sie berühmt. Die meist überlebensgroßen, leuchtendbunten Frauenfiguren mit betont weiblichen Formen waren zunächst noch aus Draht und Stoff. Mit ihrer Parole »Alle Macht den Nanas« griff die Künstlerin die Ideen der Frauenbewegung auf. Die Nanas wurden zum Symbol für weibliches Selbstbewusstsein und Stärke, Lebenskraft und freie Gestaltung. Ihre 1966 für das Stockholmer Moderna Museet installierte, 28 Meter lange Skulptur mit dem Namen »Hon« löste einen Skandal aus. Diese liegende Nana konnte durch die Vagina betreten werden, in ihrer linken Brust befand sich ein Planetarium, in der rechten eine Milchbar. Der Hon folgten noch weitere Monumentalplastiken wie jene in Hannover. Allerdings wurde durch die spätere massive Kommerzialisierung der Ruf von Saint Phalle beschädigt.

Ihr größtes Projekt wurde der »Giardino dei Tarocchi« in der Toskana. 1978 begann sie mit dem Bau des »Gartens des Tarot« in Garavicchio, südlich von Grosseto. Angeregt durch die Barockgärten der Toskana und die Figuren des Tarot-Kartenspiels schuf sie in fünfzehnjähriger Arbeit zusammen mit Jean Tinguely und Helfern ein Parkgelände voll mit monumentalen begeh- und bewohnbaren Plastiken, für deren bunte und spiegelnde Oberflächen Mosaiksteine nach alter italienischer Handwerkstradition verwendet wurden. Der Garten soll Sinnbild für die Prüfungen sein, die ein Mensch zu seiner geistigen Reife durchlaufen muss. Niki de Saint Phalle erklärte: »Ich sehe mich in der Karte des Narren. Der Narr geht herum mit der Nase in der Luft auf der Suche nach seiner geistigen Identität – und genau das tat ich, als ich den Garten baute.« Der Garten wurde 1998 für die Öffentlichkeit freigegeben und entwickelte sich zu einer großen touristischen Attraktion.

Ein anderes wichtiges Großprojekt, das sie gemeinsam mit Tinguely gestaltete, war der 1982 begonnene Bau des Strawinsky-Brunnens in Paris vor dem Centre Pompidou. Bei dem Brunnen gehen Saint Phalles bunte Polyesterfiguren mit Tinguelys beweglichen Metallobjekten eine gelungene Symbiose ein.

Ihr letztes Großprojekt sollte der Auftrag zur Ausgestaltung der Grotte in den Herrenhäuser Gärten von Hannover werden, den Niki de Saint Phalle 1999 übernahm. Seit 2003 ist die mit Spiegel- und Glasmosaiken und bunten Polyester-Figuren geschmückte Grotte im Großen Garten für Besucher geöffnet.

Neben den Großprojekten widmete sich Niki de Saint Phalle auch kleineren, persönlicheren Projekten. So illustrierte sie ein Aufklärungsbuch über AIDS (»Vom Händchenhalten kriegt man's nicht«), das 1986 erschien. In dem Buch »Mein Geheimnis« thematisierte sie das traumatische Erlebnis ihrer Kindheit, den sexuellen Missbrauch durch den Vater. Ihre Missbrauchserfahrungen verarbeitete sie auch in ihrem 1972/73 entstandenen Film »Daddy«.

Auf ärztlichen Rat hin verbrachte sie ihre letzten acht Lebensjahre in dem milderen Klima von Kalifornien. Bei der Arbeit an ihren Skulpturen hatte sie sich durch das jahrelange Einatmen der gefährlichen Polyesterdämpfe Vergiftungen zugezogen. »Ausgerechnet das Material, mit dem ich am liebsten arbeite, ist absolut mein Todfeind.« Im Alter von 71 Jahren starb Niki de Saint Phalle am 21. Mai 2002 in San Diego.

Wangari Maathai

* 1940 in Nyeri (Kenia)
† 2011 in Nairobi (Kenia)

Ökoaktivistin, Politikerin und Nobelpreisträgerin

»In Ostafrika ist Wangari Maathai nahezu einmalig in ihrer Bereitschaft, ihre Freiheit und sogar ihr Leben zu riskieren, um die Wälder und das Erbe der Natur zu verteidigen.«

(Ali Mazrui)

Wangari Maathai ist die erste Afrikanerin, die den Friedensnobelpreis verliehen bekam. Das Komitee würdigte die couragierte Kenianerin 2004 für ihren Beitrag zu nachhaltiger Entwicklung, Demokratie und Frieden. Frieden beginnt nach der Überzeugung der Preisträgerin mit der Erhaltung der natürlichen Lebensgrundlagen; denn wenn diese durch Zerstörung knapp werden, beginnt der Kampf darum. Die afrikanische Professorin, die bereits mehrfach international für ihr Engagement ausgezeichnet wurde und seit Jahrzehnten in der globalen Ökologiebewegung zu den bekannten Protagonisten gehörte, hatte bereits 1984 den Alternativen Nobelpreis erhalten. Vor allem die frühen Auszeichnungen waren für Wangari Maathai sehr wichtig gewesen, da sie ihr Schutz vor der Regierung des kenianischen Präsidenten Daniel arap Moi boten, für die es nicht opportun gewesen wäre, die immer bekannter werdende Aktivistin ermorden zu lassen.

Die am 1. April 1940 in Nyeri geborene Wangari Muta entstammt einer kenianischen Kleinbauernfamilie, die in bescheidenem Wohlstand lebte. Ihrem Vater Muta, der selbst kaum lesen und schreiben konnte, war an einer besseren Ausbildung seiner Kinder gelegen. Wangari war sich durchaus bewusst, dass es für sie als Mädchen ein Privileg war, lernen zu können. Ihr Interesse an Naturwissenschaften weckte eine irische Nonne an der Loreta Girls' High School in Limuru: »Sie war meine Lehrerin und wollte immer, dass ich ihr helfe, die Versuchsdemonstrationen im Labor aufzubauen.« Dank eines Stipendiums des katholischen Bischofs von Nyeri konnte das begabte junge Mädchen in

Nordamerika, in Atchison (Kansas) und Pittsburgh (Pennsylvania), Biologie studieren, worauf ihre Mutter Lydia Wanjiru sehr stolz war. Nach ihrer Rückkehr in die Heimat erhielt sie eine Stelle als wissenschaftliche Assistentin an der neuen veterinärmedizinischen Fakultät der Universität Nairobi. Bevor sie Kenia erneut verließ, um sich für zwei Jahre an den Universitäten in Gießen und München auf ihre Promotion vorzubereiten, heiratete sie im Sommer 1967 den Jungmanager Mwangi Maathai. Als ihr von der Universität Nairobi 1971 der Doktorgrad in Tiermedizin verliehen wurde, war sie die erste promovierte Frau in Ost- und Zentralafrika. 1977 wurde sie trotz erheblicher männlicher Bedenken Professorin und Abteilungsleiterin im Institut für Veterinärmedizin an der Universität Nairobi. Dass ihr ihre erfolgreiche Behauptung in Männerdomänen nicht nur Freunde machte, war Wangari Maathai im Rückblick klar geworden: »Ich habe eine Menge Rekorde gebrochen, erste Frau hier, erste Frau da, ich habe wohl eine Menge Neid erzeugt, ohne es zu merken.« Nachdem ihr Ehemann in den 70er Jahren verstärkt politisch tätig wurde, engagierte auch sie sich zunehmend in sozialen und umweltorientierten Projekten. Ihr Mann, mit dem sie die drei Kinder Waweru, Wanjira und Muta hat, wurde allerdings mit dem Erfolg seiner Frau, die so gar nicht dem traditionellen Bild einer gehorsamen afrikanischen Ehefrau entsprach, nicht mehr fertig und ließ sich 1980 von ihr scheiden, da sie ihm »zu gut ausgebildet, zu stark, zu erfolgreich, zu eigensinnig und zu schwer zu kontrollieren« war. Als überzeugte Katholikin empfand Wangari Maathai die Scheidung als Trauma.

1977 gründete sie in Kenia das Green Belt Movement (Grüngürtelbewegung), das sich zum größten Aufforstungsprojekt Afrikas entwickelte. Diese Organisation, deren Mitglieder hauptsächlich Frauen aus den ärmeren Bevölkerungsschichten sind, hat es sich zum Ziel gesetzt, eine Verbesserung der Lebensbedingungen für die Bevölkerung sowie eine nachhaltige Brennstoff-Versorgung und die Vermeidung der Bodenerosion zu erreichen. Viele Jahre waren kenianische Wälder rücksichtslos gerodet worden, was zu einer Verschlechterung der Bodenqualität sowie zu einer Verknappung von frischem Wasser und Feuerholz geführt hatte. Wangari Maathai gelang es, Frauen mit Hilfe eines bescheidenen finanziellen Anreizes dazu zu motivieren, Samen zu suchen, Brunnen zu graben und die Setzlinge zu schützen. Auf die Pflanzaktion geht ihr Beiname Mama Miti (Mutter der Bäume) zurück. Am 5. Juni 1977 wurden die

ersten sieben Bäume in Nairobi gesetzt, von denen zwei über-
lebten: »Aber ab und zu gehe ich dorthin, um mich daran zu er-
innern, wo und wie wir angefangen haben.« Ihr Erfolgsprojekt
in Nachbarländer zu exportieren, war dagegen nicht so einfach:
»In Ostafrika waren wir einigermaßen erfolgreich, in West- und
Zentralafrika dagegen weniger.« Als Hindernis erwies sich dabei vor allem die Sprachbarriere: »Menschen müssen die Informationen über ihre Umwelt in ihrer eigenen Sprache präsentiert
bekommen, so dass sie diese mit ihren eigenen Erfahrungen
verknüpfen können.« Bis 2004 wurden Afrika weit etwa 30 Millionen Bäume angepflanzt.

Von 1976 bis 1987 war sie im National Council of Women
of Kenia (Kenias Nationalem Frauenrat) aktiv, dessen Präsidentin sie von 1981 bis 1987 war. Während dieser Zeit entstand das
Green Belt Movement, das später auch andere Themen wie Bildung und Ernährung aufgriff. Neben dem Umweltschutz engagierte sich Wangari Maathai auch für soziale Themen. An der
europäischen Entwicklungshilfe kritisierte sie: »Hilfe für Afrika
kommt in Form von Nahrungsmitteln, Flüchtlingslagern und
Friedenstruppen. Hilfe in Form von Ausbildung, Entwicklung
der Infrastruktur, Förderung eines eigenen Unternehmertums
und kreativer Entwicklungen wird kaum geleistet. Es gibt auch
kein Geld für die Entwicklung ihres spirituellen, persönlichen
Potentials, aus dem kreative Lösungen hervorgehen könnten.«

Ihre Aktivitäten im Frauenrat, ihre Kritik an der Benachteiligung der Frauen im Universitätsbetrieb, ihr Einsatz für das
Green Belt Movement sowie ihr Wunsch, für einen Parlamentssitz zu kandidieren, führten 1981 dazu, dass Wangari Maathai
gezwungen wurde, von ihrem Hochschulamt zurückzutreten.
Ihr unabhängiger Geist störte. Ihr starkes Engagement für einen basisorientierten Umweltschutz, für Frauenförderung, demokratische Aufklärung und Menschenrechte wurde von dem
Regime des korrupten kenianischen Präsidenten Moi zunehmend als störend empfunden. Mehrmals wurde sie inhaftiert,
verprügelt und bedroht. 1997 kandidierte sie für das Amt der
kenianischen Präsidentin, gewann aber nur wenige Stimmen.
Nach dem Ende des Moi-Regimes wurde Wangari Maathai
im Dezember 2002 für die National Rainbow Coalition mit 98
Prozent der Stimmen in ihrem Wahlkreis in das kenianische
Parlament gewählt: »Wir waren euphorisch, es war eine echte
Aufbruchstimmung.« Von 2003 bis 2007 war sie in der Regierung von Mwai Kibuki stellvertretende Ministerin für Umwelt

und Naturschutz. Sie habe jetzt eine weitaus bessere Position als früher, betonte sie daher 2004: »Ich sitze jetzt am Lenkrad und nicht mehr auf dem Beifahrersitz.« In Wirklichkeit konnte sie nur wenig bewirken und diente eher als Feigenblatt für die Regierung. Bei den Neuwahlen wurde sie nicht wiedergewählt. Am 25. September 2011 starb Wangari Maathai an den Folgen ihrer Krebserkrankung in Nairobi.

WILMA RUDOLPH

* 1940 in St. Bethelem (Tennessee, USA)
† 1994 in Brentwood (Tennessee, USA)

Leichtathletin und Olympiasiegerin

»Wilma war mein Idol, sie hat für viele schwarze Athletinnen
den Weg geebnet.«

(JACKIE JAYNER-KERSEE)

Eine der bemerkenswertesten Karrieren in der Sportge-
schichte des 20. Jahrhunderts stellt jene der als »Schwarze Ga-
zelle« bekannt gewordenen Wilma Rudolph dar: Aus ärmlichen
Verhältnissen kommend und als Kind jahrelang auf die Hilfe
von Krücken angewiesen, wurde sie eine der erfolgreichsten
Leichtathletinnen der Vereinigten Staaten. Sie stellte neue Welt-
rekorde auf und war die schnellste Läuferin ihrer Zeit. Für die
nordamerikanische Bürgerrechtsbewegung wurde sie zu einem
Vorbild. Als erste Schwarze wurde Wilma Rudolph 1974 in die
Hall of Fame der Leichtathletinnen aufgenommen. Um finanziell benachteiligte Nachwuchsathleten zu fördern, gründete sie
1981 die Wilma Rudolph Foundation in Indianapolis.

Wilma Glodean Rudolph kam am 23. Juni 1940 in St. Bethe-
lem/Tennessee zur Welt. Sie war das zwanzigste von insgesamt
zweiundzwanzig Kindern ihres Vaters Ed Rudolph, der als
Gepäckträger bei der Eisenbahn beschäftigt war. Ihre Mutter
Blanche, die im Gegensatz zu ihrem Ehemann lesen und schrei-
ben konnte, arbeitete als Hausmädchen bei weißen Familien.
Die Familie Rudolph war so arm, dass die Mutter aus alten
Mehlsäcken Kleider für Wilma nähen musste. Als tiefgläubige
Baptisten fanden die Rudolphs in ihrer Religiosität Rückhalt.
Ihre feste Verankerung im Leben der farbigen Gemeinde bot zu-
sätzlichen Halt.

Im Alter von vier Jahren erkrankte die kränkliche Wilma
Rudolph an Kinderlähmung, als deren Folge ihr linkes Bein
gelähmt blieb. Wegen der in den Südstaaten praktizierten Rassentrennung konnte sie nicht im nahen Hospital in Clarksville
behandelt werden. Als Wilma sechs Jahre alt war, fuhr ihre Mutter jede Woche mit ihr im Bus zur Physiotherapie in die über

50 Meilen entfernte Großstadt Nashville, wo das Mädchen im Meharry Hospital, dem »schwarzen« Medizin-College der Fisk University, behandelt wurde. Wegen ihrer Krankheit konnte Wilma Rudolph zunächst nicht die Schule besuchen, sondern musste von ihrer Mutter zu Hause unterrichtet werden. Als die Siebenjährige mit Hilfe von Stützen an den Beinen laufen konnte, kam sie zur Schule, wo sie sich anfänglich aber wegen ihrer Behinderung abgelehnt und ausgeschlossen fühlte. Die Krankheitsjahre hatten ihre Spuren bei Wilma hinterlassen: »Ich lebte in der Todesangst, abgelehnt zu werden.« Diese Unsicherheit begleitete sie ihr Leben lang trotz der späteren Erfolge.

Nach jahrelanger Physiotherapie und speziellen Massagen, die ihre Mutter und ihre Geschwister mehrmals täglich an ihr anwenden mussten, konnte Wilma Rudolph im Alter von zwölf Jahren wieder normal gehen, ohne auf Krücken oder orthopädische Schuhe angewiesen zu sein. Sie begann Basketball zu spielen und konnte schließlich an der Burt High-School für Afroamerikaner große Erfolge im Turnierbasketball erzielen. Zum Ausgleich trainierte sie Kurz- und Langstreckenlauf. Edward Temple, Leichtathletiktrainer am Tennessee State College in Nashville, erkannte ihre Begabung und nahm sie in sein Sommerprogramm auf, wo sie erstmals professionelles Training erhielt.

Der Fünfzehnjährigen eröffneten sich dadurch Chancen auf ein Sportstipendium an der Tennessee State University. Da sich ihr als Erster aus der Familie die Chance bot, ein College zu besuchen, schärfte ihr die Mutter ein: »Wenn dies durch Laufen möglich ist, dann möchte ich, dass du alles daran setzt, die Beste zu sein! Gib niemals auf.« Dank ihres harten Trainings qualifizierte sich Wilma Rudolph als Sechzehnjährige für die Sprintstaffel der Vereinigten Staaten bei den Olympischen Sommerspielen im australischen Melbourne, einer Stadt, von der der Teenager zuvor noch nie etwas gehört hatte.

Bei den Olympischen Spielen 1956 in Melbourne gewann sie mit ihrer Mannschaft im Staffellauf Bronze. Sie war fest entschlossen, bei den nächsten Olympischen Spielen Gold zu holen. Nachdem sie im Mai 1958 die High School beendet hatte, bekam sie zwei Monate später ihre Tochter Yolanda, deren Vater Wilma Rudolphs High School-Freund Roger Eldridge war. Dank der Unterstützung durch ihre Familie und ihren Trainer Temple konnte sie trotzdem im Herbst 1958 ihr Studium an der »schwarzen« Tennessee State University beginnen. Auf eine zweijährige Wettkampfpause folgte 1959 die Qualifikation für die »Panamerikanischen Spiele«, wo sie in Chicago die Silbermedaille über 200 Meter gewann. Mit einem neuen Rekord über 200 Meter mit 22,9 Sekunden qualifizierte sie sich im Alter von neunzehn Jahren bei den Auswahlkämpfen für die Olympischen Spiele in Rom.

Bei den Spielen in Rom 1960, die erstmals weltweit im Fernsehen übertragen wurden, gewann Wilma Rudolph, die als Olympiafavoritin galt, trotz einer Fußknöchelverstauchung die Goldmedaillen in allen drei Kurzstreckendisziplinen – dies war noch keiner Amerikanerin zuvor gelungen. Sie siegte am 2. September nach einem schwachen Start über 100 Meter, eine Woche später gewann sie den 200-Meter-Lauf der Frauen. Außerdem gewann sie noch mit der amerikanischen Sprintstaffel die 4 x 100 Meter.

Die Warmherzigkeit und Anmut ausstrahlende dreifache Olympiasiegerin wurde in ihrer Heimat als Heldin gefeiert: Clarksville veranstaltete ihr zu Ehren eine große Parade. Die allseits hohe Erwartungshaltung nach dem Gewinn von olympischem Gold belastete sie allerdings, da »jeder von Dir erwartet, dass Du jederzeit in der Lage bist, jeden überall zu schlagen.« Am 15. Juli 1961 brach sie in Moskau mit 11,3 Sekunden den Weltrekord über 100 Meter, den sie bereits am 19. August in Stuttgart auf 11,2 Sekunden verbesserte. Auf dem Höhepunkt ihrer sportlichen Karriere beendete sie diese 1962 und legte im Mai 1963 an der Tennessee State University das Sportlehrerinnen-Examen ab.

Ihr Privatleben verlief nicht so erfolgreich wie ihre Sportkarriere: Sowohl ihre 1961 geschlossene Ehe mit dem Sportler William Ward als auch die 1963 geschlossene Ehe mit ihrem Jugendfreund Robert Eldridge, mit dem sie insgesamt vier Kinder hatte, scheiterten. Im Gegensatz zu späteren erfolgreichen schwarzen Leichtathletinnen konnte sie keinen finanziellen Gewinn aus ihren Medaillen ziehen. Sie arbeitete meist als Leichtathletiktrainerin. Bei ihren verschiedenen Stellen hatte sie oft Probleme wegen ihres Status als Olympiasiegerin. Sie hatte den Eindruck, dass sie nur wegen ihres olympischen Ruhms, nicht wegen ihrer anderweitigen Fähigkeiten eingestellt wurde. 1977 erschien ihre Autobiografie mit dem Titel »Wilma: The Story of Wilma Rudolph«, die 1979 Grundlage für einen Fernsehspielfilm wurde. In ihrer Autobiografie konzentrierte sie sich vor allem auf die erfolgreichen Aspekte ihres Lebens.

Am 12. November 1994 starb Wilma Rudolph im Alter von 54 Jahren in Brentwood an einem Gehirntumor. Primo Nebiolo, der damalige Präsident des Internationalen Leichtathletik-Verbandes, würdigte sie als »eine der größten Sportpersönlichkeiten aller Zeiten«.

ALICE SCHWARZER

* 1942 in Wuppertal-Elberfeld

Journalistin, Schriftstellerin und Feministin

> *»Ich bin diese peinliche Feministin,*
> *die ständig etwas anzettelt.«*
>
> (ALICE SCHWARZER)

Für die deutsche Medienöffentlichkeit verkörpert Alice Sophie Schwarzer wie keine andere Frau seit Jahrzehnten den
deutschen Feminismus. Die Galionsfigur emanzipierter Frauen
kam am 3. Dezember 1942 als uneheliches Kind in Wuppertal-
Elberfeld zur Welt und wuchs bei den Großeltern auf. Vor allem der Großvater Ernst Schwarzer kümmerte sich um seine
Enkelin. »Ich komme aus einer Familie«, stellte Alice Schwarzer
fest, »wo es sich nie so aufgedrängt hat, dass die Frauen die geborenen guten Mütter sind und die Männer die Monster.«
Nach dem Besuch der Handelsschule und einer abgebroche-
nen kaufmännischen Lehre ging Alice Schwarzer zunächst als
Büroangestellte nach Düsseldorf, dann nach München. Da sie
dieses Leben als zu eintönig empfand, zog sie 1963 nach Paris,
wo sie sich mit Gelegenheitsjobs in den nächsten drei Jahren
ein Sprachenstudium an der Alliance Française finanzierte.
Nach der Rückkehr nach Deutschland 1966 scheiterte sie zwar
bei der Aufnahmeprüfung zur Journalistenschule in München,
stattdessen absolvierte sie ein zweijähriges Volontariat bei den
»Düsseldorfer Nachrichten«. Nach einem kurzen Zwischen-
spiel bei der Illustrierten »Film und Frau« wurde Alice Schwarzer 1969 Reporterin bei der linken Zeitschrift »Pardon«. Nach
einem halben Jahr entschloss sie sich aber dazu, wieder nach
Paris zu gehen und als freie Korrespondentin für deutsche Medien zu arbeiten. Daneben studierte sie von 1970 bis 1974 Psy-
chologie und Soziologie an der Pariser Universität Vincennes:
»Diese Jahre in Frankreich waren absolut euphorisierend für
mich. Es war von einer Lebendigkeit, voll gelebter Geschichte. Neue Menschen, neue Erfahrungen – es machte alles nur
Spaß.«
Ab 1970 engagierte sich Alice Schwarzer in der französischen

179

Frauenbewegung: »Ich wusste: Das ist jetzt meins. Da muss ich jetzt mitmachen.« Sie gehörte bald zum harten Kern des »Mouvement de libération des femmes« und wurde zu den »feministes radicales« gezählt, die jede biologische Prägung oder eine »Natur der Frau« entschieden ablehnten. 1972 veröffentlichte Alice Schwarzer das erste von sechs langen Interviews, die sie innerhalb von zehn Jahren mit der Philosophin Simone de Beauvoir führte, deren Buch »Das andere Geschlecht« als Grundlagenwerk der Neuen Frauenbewegung gilt.

Nach französischem Vorbild initiierte Alice Schwarzer im Juni 1971 den Artikel »Ich habe abgetrieben« in der Illustrierten »stern«, in dem sich 374 Frauen zur Abtreibung bekannten. Dieser Artikel löste eine Kampagne gegen den § 218 aus und wird als Anfangspunkt der Neuen Frauenbewegung in der Bundesrepublik Deutschland betrachtet. Ein halbes Jahr nach der stern-Aktion veröffentlichte Alice Schwarzer, die maßgeblichen Anteil an der Debatte zum Thema »Recht auf Schwangerschaftsabbruch« hatte, ihr erstes Buch »Frauen gegen den § 218«. Eine Zeit lang pendelte sie zwischen Frankreich und Deutschland hin und her, bevor sie endgültig wieder in die Bundesrepublik zog, wo sie sich nun verstärkt in der westdeutschen Frauenbewegung engagierte.

In ihrem 1973 erschienenen Buch »Frauenarbeit – Frauenbefreiung« setzte sie sich mit den Problemen der Gratisarbeit im Haushalt, der Erziehung und der Unterbezahlung von Frauen im Beruf auseinander. 1974/75 hatte sie einen Lehrauftrag an der Universität Münster, wo sie im Fachbereich Soziologie über den »Stellenwert der Sexualität in der Emanzipation der Frau« referierte. Weiterhin engagierte sie sich im Kampf gegen den § 218. Als eine von ihr erstellte »Panorama«-Sendung zum Thema Abtreibung in der ARD im März 1974 abgesetzt wurde, wurde dies als Eingriff in die Pressefreiheit gewertet und löste einen Zensurskandal aus.

Alice Schwarzer gehörte zu den Erfinderinnen und Herausgeberinnen des 1975 erstmals veröffentlichten Frauenkalenders, der seitdem jährlich erscheint. Als sie in einer Sendung des WDR ein Streitgespräch mit Esther Vilar führte, die in ihrem Buch »Der dressierte Mann« die Unterdrückung des Mannes durch die Frau thematisierte, wurde Alice Schwarzer einer breiten Öffentlichkeit bekannt und galt in den Medien zunehmend als »Aushängeschild« der Neuen Frauenbewegung. Ihr im September 1975 herausgebrachtes Buch »Der kleine Unterschied und seine großen Folgen« löste heftige Diskussionen aus. Die Autorin wurde von den großen deutschen Zeitungen persönlich angegriffen. Das Buch wurde trotzdem ein Bestseller. »Die Reaktionen waren überwältigend. Ich weiß noch,« erinnerte sich Alice Schwarzer, »die Buchmesse 1975 – der Erfolg dieses Buches war phantastisch. Aber gleichzeitig war ich einfach überrollt davon. (…) Ich hatte plötzlich eine Popularität, mit der ich nie gerechnet hatte.«

Mit dem Geld aus dem Buchverkauf begründete sie die feministische Zeitschrift »Emma«, deren Herausgeberin sie wurde. Die erste Ausgabe des Magazins erschien im Januar 1977. Mit dieser unabhängigen Zeitschrift konnte sich Alice Schwarzer einen lang gehegten Traum erfüllen; denn »Emma« bot ihr die Möglichkeit, ihren Beruf als Journalistin mit ihrer politischen Überzeugung zu verbinden. 1983 gehörte sie zu den Mitbegründern des »Hamburger Instituts für Sozialforschung«. Außerdem initiierte sie den »FrauenMediaTurm – Das feministische Archiv und Dokumentationszentrum«, dessen Vorstandsvorsitzende sie wurde.

Nachdem Alice Schwarzer zusammen mit neun weiteren Frauen bereits im Juni 1978 gegen den »stern« wegen seiner »sexistischen Titelbilder« geklagt hatte und abgewiesen wurde, begann die Zeitschrift »Emma« ab 1987 eine Anti-Porno-Kampagne, deren Höhepunkt die Veröffentlichung von neunzehn Aktfotos des Fotografen Helmut Newton im Novemberheft 1993 war. Die Bilder wurden als »sexistisch«, »faschistisch« und »rassistisch« bezeichnet. Der nicht genehmigte Abdruck der Aufnahmen führte zu einer gerichtlichen Auseinandersetzung mit großer Medienresonanz. Seit 1993 schrieb Alice Schwarzer wieder vermehrt Bücher, darunter eines über den Freitod der Grünen-Politikerin Petra Kelly und Gert Bastian, eine Biografie der »Zeit«-Herausgeberin Marion Gräfin Dönhoff sowie Biografien über Romy Schneider und Simone de Beauvoir. Im Jahr 2000 veröffentlichte sie das Buch »Der große Unterschied. Gegen die Spaltung von Menschen in Männer und Frauen«. Zuletzt publizierte sie 2011 ihre Autobiografie unter dem Titel »Lebenslauf«, in der sie die ersten 35 Jahre ihres Lebens beleuchtet, sowie 2013 den Sammelband »Prostitution – Ein deutscher Skandal«, den sie als Appell gegen Prostitution verstanden haben will.

Durch ihre große Medienresonanz und öffentliche Wirksamkeit ist Alice Schwarzer jedoch auch heftig umstritten. Eine Reihe Feministinnen kritisieren ihre Haltung, beschuldigen sie der Profilierungssucht und der Vermarktung des Feminismus. Als Alice Schwarzer 1996 die Auszeichnung mit dem Bundesverdienstkreuz am Bande annahm, stieß dies bei radikalen Feministinnen auf Unverständnis, da sie darin eine Anbiederung an die sogenannte Männergesellschaft und ihre Rituale sahen. Alice Schwarzer selbst bekannte: »Um gar keinen Preis möchte ich die manchmal recht dünne Luft der Konfrontation wieder tauschen gegen die stickige des Sich-Einreihens, des Sich-Beugens.«

Schwarzers Glaubwürdigkeit nahm allerdings in den letzten Jahren Schaden. Negativ für das Ansehen der streitbaren Publizistin dürfte sich letztlich weniger ihre kontroverse Berichterstattung in der Boulevardzeitung »Bild« auswirken, für die sie 2010/2011 über den Vergewaltigungsprozess des Fernsehmoderators Jörg Kachelmann schrieb. Wesentlich ungünstigere Folgen für ihr Renommee dürfte der Verdacht auf Steuerhinterziehung haben, der seit 2014 für viel mediale Aufmerksamkeit sorgte.

BENAZIR BHUTTO

* 1953 in Karachi (Pakistan)
† 2007 in Rawalpindi (Pakistan)

Politikerin und Premierministerin von
Pakistan

> *»Mein Erfolg als Politikerin in einer traditionellen*
> *muslimischen Gesellschaft ist ein großer Erfolg*
> *für die Frauenbewegung.«*
>
> (BENAZIR BHUTTO)

Mit Benazir Bhutto wurde erstmals in einem islamischen Staat
eine Frau Regierungschefin. Sie war insgesamt zweimal Premierministerin von Pakistan. Als sie zum dritten Mal zur Wahl antrat,
wurde sie 2007 bei einem Attentat ermordet. Wer hinter dem Anschlag auf die Oppositionspolitikerin steckte, ist bis heute nicht
geklärt. Ihr Lebensweg ist der einer typischen Vatertochter aus
der Dritten Welt. Wie Indira Gandhi war auch Benazir Bhutto die
Tochter eines einflussreichen Politikers und Premierministers.
Wie sie holten sie letztendlich die großen innenpolitischen Probleme ihres Landes ein und führten zu einem tragischen Ende.

Benazir Bhutto wurde am 21. Juni 1953 in Karachi geboren.
Sie war die älteste Tochter des späteren pakistanischen Premierministers Zulfikar Ali Bhutto. Ihre Mutter Nusrat war die Tochter eines iranischen Geschäftsmannes. Benazir Bhutto, deren
Familie zu den wohlhabenden Großgrundbesitzern in Pakistan
gehörte, studierte auf Wunsch ihres Vaters Politische Wissenschaften an den renommierten Universitäten von Harvard und
Oxford. Bevor sie ihr Studium begann, hatte ihr ihr Vater eingeschärft: »Vergiss nie, dass das Geld, mit dem du studierst, aus
Pakistan kommt, von den Menschen, die hier im Schweiß ihres
Angesichts arbeiten. Du stehst in ihrer Schuld, und du kannst es
ihnen mit Gottes Hilfe zurückzahlen, wenn du deine Ausbildung
benutzt, ihr Leben zu verbessern.« Die Tochter des Ostens lernte
das Leben im Westen zu schätzen – sie trug Jeans und Sweatshirts, trank Apfelmost und besuchte Rockkonzerte. Bereits als
Studentin durfte sie ihren Vater bei diplomatischen Missionen
begleiten. Nach dem Abschluss ihres Studiums kehrte Benazir

Bhutto nach Pakistan zurück. Nur zehn Tage später wurde ihr Vater, der erste demokratisch gewählte Premierminister Pakistans, durch einen Putsch des Generals Zia ul-Haq am 5. Juli 1977 abgesetzt und inhaftiert. Trotz zahlreicher internationaler Gnadenappelle ließ der fundamentalistische Militärdiktator den gestürzten Premierminister am 4. April 1979 im Gefängnis von Rawalpindi durch den Strang hinrichten. Die Familie Bhutto war geschockt: »Als mein Vater gestürzt wurde, hätte meine Familie nie gedacht,« erklärte Benazir Bhutto, »dass sie ihn umbringen werden.« Für sie selbst und ihre Mutter folgten Jahre der Einzelhaft in den Gefängnissen von Sukkur und Karachi und unter Hausarrest. Erst 1984 wurde ihr die Erlaubnis zur Ausreise erteilt. Sie zog nach London und führte vom Exil aus die Partei ihres Vaters, die Pakistanische Volkspartei.

Im April 1986 durfte sie in ihre Heimat zurückkehren, wo die Bhutto-Tochter als demokratische Hoffnungsträgerin begeistert begrüßt wurde. Im Dezember 1987 ging sie eine arrangierte Ehe mit dem Geschäftsmann Asif Ali Zardari ein, der wie sie einer angesehenen Großgrundbesitzerfamilie entstammte. Sie selbst begründete diesen Schritt folgendermaßen: »Eine solche Heirat war das Opfer an persönlicher Freiheit, das ich meiner politischen Laufbahn bringen musste. Mein großer Bekanntheitsgrad in Pakistan machte es mir unmöglich, auf normale Art einem Mann zu begegnen, ihn näher kennen zu lernen und schließlich zu heiraten. Noch die diskretesten Kontakte zu einem Mann wären zum Thema von Klatsch und Gerüchten geworden.« Aus dieser Ehe stammten ihr Sohn Bilawal und die beiden Töchter Bakhtawar und Asifa.

Nach dem Tod von Zia ul-Haq bei einer Flugzeugexplosion 1988 fanden erstmals wieder freie Wahlen in Pakistan statt, aus denen die Pakistanische Volkspartei im November 1988 als Sieger hervorging. Am 2. Dezember wurde Benazir Bhutto, die sich selbst als demokratische Sozialistin bezeichnete, zur Regierungschefin vereidigt. Sie betrieb die Rückkehr des Landes zur Zivilgesellschaft. Ihre vergleichsweise moderate Haltung gegenüber Indien stieß bei der pakistanischen Armee auf Widerstand. Ihrer Partei missfiel, dass sie sich weigerte, den vier pakistanischen Provinzen weitreichendere Kompetenzen einzuräumen. Ihr Arrangement mit den Mullahs enttäuschte viele Frauen, die sich von der jungen Regierungschefin mehr erwartet hatten. Bereits 1990 wurde ihre Regierung aufgrund von Korruptionsvorwürfen und Amtsmissbrauch vorzeitig aufgelöst.

Benazir Bhutto bestritt diese Vorwürfe, die auch niemals zu einer Anklage führten. 1993 wurde sie erneut zur Premierministerin gewählt. Drei Jahre später wurde ihre Regierung wiederum wegen massiver Korruptionsvorwürfe aufgelöst. Ihr Ehemann, der ins Gefängnis kam, wurde außerdem verdächtigt, in Mordkomplotte gegen politische Gegner verwickelt zu sein. Es konnte nie endgültig geklärt werden, ob die Vorwürfe gegen ihren Ehemann und sie berechtigt waren. Die Parlamentswahlen 1997 verlor die Pakistanische Volkspartei.

Von 1999 bis 2007 lebte Benazir Bhutto mit ihrer Familie im Exil in Dubai in den Vereinigten Arabischen Emiraten. Obwohl ihr mit Anschlägen gedroht wurde, kehrte sie, nachdem alle Korruptionsvorwürfe gegen sie und weitere Politiker ihrer Partei von der Regierung unter Staatschef Pervez Musharraf fallen gelassen wurden, am 18. Oktober 2007 nach Pakistan zurück, um sich erneut um das Amt der Premierministerin zu bewerben. Für Januar 2008 waren Parlamentswahlen geplant. Bereits die Feiern zur umjubelten Rückkehr der Oppositionsführerin wurden von einem blutigen Selbstmordanschlag überschattet. Während die charismatische Politikerin unverletzt blieb, wurden 140 Menschen getötet und Hunderte verletzt. Benazir Bhutto gab sich unerschrocken und erklärte pathetisch: »Nur die Demokratie kann uns retten, und wir sind bereit, dafür unser Leben zu riskieren.« Sie machte für den Anschlag Anhänger des früheren Militärmachthabers Mohammed Zia ul-Haq verantwortlich.

Der Anschlag am 27. Dezember 2007 erreichte sein Ziel: Benazir Bhutto wurde nach einer Wahlkampfveranstaltung in Rawalpindi getötet. Außer ihr starben noch mindestens sechzehn weitere Menschen bei dem Attentat. Die pakistanische Regierung machte den regionalen Extremisten Baitulklah Mehsud von dem Terrornetzwerk al-Qaida dafür verantwortlich. Die Terrororganisation bezeichnete dagegen eine Verschwörung aus Regierung, Armee und Geheimdienst als Drahtzieher des Anschlags. Auch die Pakistanische Volkspartei misstraute den Angaben der Regierung. Wegen des Chaos nach Bhuttos Ermordung – in vielen Städten kam es zu Protesten und Unruhen – wurde die Wahl auf den 18. Februar 2008 verschoben. Bhuttos Partei ging daraus als stärkste Kraft hervor und stellte mit Yusuf Raza Gilani den neuen Premierminister. Die Ermittlungen im Zusammenhang mit Bhuttos Ermordung gerieten wegen eines tödlichen Anschlags auf den Hauptermittler im Mai 2013 erneut in die Schlagzeilen.

ANGELA MERKEL

* 1954 in Hamburg

Physikerin, Politikerin und Bundeskanzlerin
der Bundesrepublik Deutschland

> *»Wenn man sie unterschätzt,*
> *hat man verloren.«*
>
> (HORST SEEHOFER)

Bundeskanzlerin Angela Merkel kann zu dem Kreis der
Türöffnerinnen gezählt werden, die erstmals eine hochrangige
Position besetzen, die bis dahin Männer einnahmen. Als Seiteneinsteigerin, die die Gunst der Stunde zu nutzen vermochte, hat
sie eine bemerkenswert unkonventionelle politische Karriere
absolviert, was sie nicht nur von ihren beiden unmittelbaren
Vorgängern Helmut Kohl und Gerhard Schröder unterscheidet,
sondern auch von der fast 30 Jahre älteren britischen Premierministerin Margaret Thatcher.

Als Angela Dorothea Kasner kam sie am 17. Juli 1954 in
Hamburg zur Welt. Kurze Zeit danach siedelten ihre Eltern,
der Theologiestudent Horst Kasner und die Lehrerin Herlind
Kasner geb. Jentzsch, in die DDR über. Ihr Vater trat dort eine
Stelle als evangelischer Pfarrer in Quitzow an, bevor er 1957 mit
seiner Familie nach Templin zog, wo er ein Pastoralkolleg auf-
baute und leitete. Seine Tochter setzte er einem inneren Zwie-
spalt aus, indem sie einerseits bei den Jungen Pionieren und der
Freien Deutschen Jugend (FDJ) aktiv war – den sozialistischen
Massenorganisationen für Jugendliche – aber andererseits nicht
die in der DDR übliche Jugendweihe erhielt, sondern konfir-
miert wurde. Da die exzellente Schülerin wie ihre Eltern nicht
zu den opponierenden Kräften gehörte, sondern als linientreu
galt, konnte sie 1973 ein Physikstudium in Leipzig beginnen.
»Die Naturwissenschaften waren meine Sache, auch weil sich
die DDR-Führung in Naturgesetze wenig einmischen konnte.« Die junge Diplomphysikerin, die im September 1977 den
Physikstudenten Ulrich Merkel heiratete, bekam ein Jahr später eine Stelle am Zentralinstitut für Physikalische Chemie an
der Akademie der Wissenschaften in Berlin-Adlershof. 1986

erfolgte ihre Promotion. Nach der Scheidung ihrer kinderlosen Ehe im Jahr 1982 behielt Angela Merkel den Familiennamen ihres früheren Mannes bei. Ihren zweiten Ehemann, den Quantenchemiker Joachim Sauer, den sie bei der Arbeit kennenlernte, heiratete sie erst im Dezember 1998. Politisch hielt sie sich bedeckt, trat weder der Sozialistischen Einheitspartei Deutschlands (SED) noch einer der Blockparteien bei. Sie engagierte sich aber auch nicht in der Opposition. Um ihre Karriere nicht zu gefährden, war sie als Kulturfunktionärin in ihrer FDJ-Gruppe aktiv. Sie bekannte später selbst: »Ich war keine Heldin. Ich habe mich angepasst.«

Während der Friedlichen Revolution 1989/90 in der DDR begann Merkel beim »Demokratischen Aufbruch« (DA) zu arbeiten, wo sie rasch zur Pressesprecherin aufstieg. Vor der ersten demokratischen Volkskammerwahl im März 1990 schloss sich der DA dem konservativen Wahlbündnis »Allianz für Deutschland« an, das nachher mit Liberalen und Sozialdemokraten eine Regierungskoalition bildete. Unter dem neuen Ministerpräsidenten Lothar de Maizière wurde Merkel stellvertretende Regierungssprecherin und auf diese Weise Augenzeugin des deutschen Wiedervereinigungsprozesses. Nach dem Zusammenschluss des DA mit der CDU gelang es ihr, in persönlichen Kontakt mit dem Parteivorsitzenden und Bundeskanzler Helmut Kohl zu treten, der zu ihrem größten Förderer werden sollte. Bei der ersten gesamtdeutschen Bundestagswahl im Dezember 1990 gewann Merkel per Direktmandat den Wahlkreis Stralsund-Rügen-Grimmen, der bis heute ihre politische Heimat ist. Die Seiteneinsteigerin erhielt überraschend das Bundesministerium für Frauen und Jugend im Kabinett des Wahlsiegers Kohl. 1993 wurde sie Landesvorsitzende von Mecklenburg-Vorpommern. Nach der Bundestagswahl von 1994 bekam sie in der bestätigten Regierung Kohl das Bundesministerium für Umwelt, Naturschutz und Reaktorsicherheit, das ihr mehr lag. Durch ihr Verhandlungsgeschick trug sie dazu bei, dass auf der Klimakonferenz der Vereinten Nationen 1995 in Berlin trotz unterschiedlichster Standpunkte das »Berliner Mandat« zur globalen Treibhausgasreduktion verabschiedet werden konnte.

Nach der Niederlage der Union bei der Bundestagswahl 1998 wurde die undogmatische Angela Merkel auf Vorschlag von Wolfgang Schäuble, dem neuen CDU-Bundesvorsitzenden, im November zur Generalsekretärin der Partei gewählt.

Als sich Ende 1999 die CDU-Spendenaffäre zu einem Skandal ausweitete, der die Zukunft der Partei zu belasten drohte, veröffentlichte Merkel, die generell für eine Modernisierung eintrat, am 22. Dezember einen offenen Brief in der FAZ, in dem sie Kohls Haltung in dieser Angelegenheit kritisierte und die Partei zur Ablösung von ihrem Ehrenvorsitzenden aufforderte. Dies brachte der bisher als »Kohls Mädchen« wahrgenommenen Politikerin die interne Meinungsführerschaft ein. Nachdem Schäuble wegen seiner Verstrickung in die Spendenaffäre als Partei- und Fraktionsvorsitzender zurücktreten musste, wurde die unbelastete Merkel am 10. April 2000 zur neuen Vorsitzenden der CDU Deutschlands gewählt. Mit einer gewissen Ironie kommentierte sie dies mit den Worten: »Ich danke für die Unterstützung. Und ich hoffe, sie hält eine Weile an.« Als erste Frau errang sie in einer der beiden großen deutschen Volksparteien den Vorsitz, überdies in der stark männlich dominierten CDU. Während Merkel die Kanzlerkandidatur bei der Bundestagswahl 2002 noch dem bayerischen Ministerpräsidenten und CSU-Vorsitzenden Edmund Stoiber überließ, trat sie 2005 trotz parteiinterner Vorbehalte selbst als Kandidatin der Unionsparteien an. Zwar erreichte die Union lediglich einen dünnen Vorsprung, aber nach der Einigung mit der SPD auf eine Große Koalition wurde Merkel am 22. November vom Bundestag zur Kanzlerin gewählt. Sie war damit nicht nur die erste Frau und die erste aus den neuen Bundesländern stammende Person in diesem Amt, sondern mit 51 Jahren zugleich auch die bisher jüngste Regierungschefin. Das eigentlich angestrebte Bündnis mit der FDP gelang mit der Bundestagswahl 2009. Seit der Wahl im Jahr 2013, bei der die Union knapp die absolute Mehrheit verpasste, regiert Merkel wieder mit der SPD in einer Großen Koalition.

Angela Merkel, die auf hohe Popularitätswerte in Deutschland verweisen kann, zählt heute zu den einflussreichsten Personen der Welt und gilt als mächtigste Politikerin Europas. Ihr sachlich-nüchterner, pragmatisch orientierter Führungsstil und ihr unprätentiöses Auftreten haben ihr ein überwiegend positives Echo beschert. Seit 2007 wird ihr politisches Handeln von der globalen Finanzkrise und von der bald darauf ausbrechenden Eurokrise bestimmt. Ihre Außen- und Europapolitik fair zu beurteilen, wird daher erst möglich sein, wenn die Krise beigelegt ist. Viele Maßnahmen und Gesetze der von ihr geführten Regierungen entsprechen wenig der gewohnten christdemokratischen Politik. So entschied sich etwa Merkel, die von der Beherrschbarkeit der Nukleartechnik überzeugt war, 2011 nach dem schweren Reaktorunglück im japanischen Fukushima zu einer radikalen Abkehr von ihrer bisherigen Atom- bzw. Energiepolitik und für einen stufenweisen Atomausstieg Deutschlands bis 2022.

Auswahlbibliografie

Andics, Hellmut, Die Frauen der Habsburger, 2. Aufl., Wien und München 1986

Bartolena, Simona, Femmes artistes. De la Renaissance au XXIe siècle, Paris 2003

Bollmann, Stefan, Frauen, die denken, sind gefährlich und stark, München 2012

Borzello, Frances, Ihre eigene Welt. Frauen in der Kunstgeschichte, Hildesheim 2000

Borzello, Frances, Wie Frauen sich sehen. Selbstbildnisse aus fünf Jahrhunderten, München 1998

Feuerstein-Praßer, Karin, „Ich gehe immer aufs Ganze". 10 Frauenporträts, Regensburg 2002

Feyl, Renate, Der lautlose Aufbruch. Frauen in der Wissenschaft, 3. Aufl., Frankfurt am Main 1989

Fussenegger, Gertrud, Herrscherinnen. Frauen, die Geschichte machten, Düsseldorf 2003

Gerste, Ronald D., Die First Ladies der USA. Von Martha Washington bis Hillary Clinton, Regensburg 2000

Gretter, Susanne und Pusch, Luise F. (Hrsg.), Berühmte Frauen. Dreihundert Porträts, 4. Aufl., Frankfurt am Main 2002

Gretter, Susanne und Pusch, Luise F. (Hrsg.), Berühmte Frauen 2. Dreihundert Porträts, Frankfurt am Main 2003

Hahn, Barbara, Frauen in der Kulturwissenschaft. Von Lou Andreas-Salomé bis Hannah Arendt, München 1994

Hanken, Caroline, Vom König geküsst. Das Leben der großen Mätressen, 2. Aufl., Berlin 1997

Heller, Nancy G., Künstlerinnen von der Renaissance bis zur Gegenwart, Köln 1989

Hodgson, Barbara, Die Krinoline bleibt in Kairo. Reisende Frauen 1630 bis 1900, 3. Aufl., Hildesheim 2005

Kathrein, Hilde D. und Herbig, Rita, „Meine Seele will Freiheit". Frauen setzen sich durch, Heilbronn 1992

Kerner, Charlotte (Hrsg.), Madame Curie und ihre Schwestern. Frauen, die den Nobelpreis bekamen, Weinheim 1997

Kerner, Charlotte (Hrsg.), Nicht nur Madame Curie ... Frauen, die den Nobelpreis bekamen, 6. Aufl., Weinheim und Basel 1999

Kerner, Charlotte (Hrsg.), Sternenflug und Sonnenfeuer. Drei Astronominnen und ihre Lebensgeschichte, Weinheim u. a. 2004

Klecha, Stephan, Bundeskanzler in Deutschland. Grundlagen, Funktionen, Typen, Opladen u. a. 2012

Kuhn, Annette (Hrsg.), Die Chronik der Frauen, Dortmund 1992

Kuster, Thomas, Aufstieg und Fall der Mätresse im Europa des 18. Jahrhunderts. Versuch einer Darstellung anhand ausgewählter Persönlichkeiten, Nordhausen 2003

Lehnert, Gertrud, Frauen, die man kennen muss. Von Maria Sibylla Merian bis Anna Freud, Berlin 2006

Lehnert, Gertrud, Frauen machen Mode. Berühmte Modeschöpferinnen von Coco Chanel bis Vivienne Westwood, München 2000

Miller, Frank (Hrsg.), Leading Ladies. The 50 Most Unforgettable Actresses of the Studio Era, San Francisco 2006

Panzer, Marita, Englands Königinnen. Von den Tudors zu den Windsors, Regensburg 2001

Perdue, Theda (Hrsg.), Sifters. Native American Women's Lives, Oxford u. a. 2001

Probst, Ernst, Königinnen des Tanzes, Mainz-Kostheim 2002

Rieger, Eva und Steegmann, Monica (Hrsg.), Göttliche Stimmen. Lebensberichte berühmter Sängerinnen. Von Elisabeth Mara bis Maria Callas, Frankfurt am Main 2002

Roster, Danielle, Die großen Komponistinnen. Lebensberichte, Frankfurt am Main 1998

Schad, Martha, Frauen, die die Welt bewegten, Sonderausgabe, München 2000

Schlieben, Michael, Politische Karrieren in der Bundesrepublik. Studien über Aufstieg und Scheitern, Stuttgart 2013

Schreiber, Hermann, Die ungekrönte Geliebte. Liebe und Leben der Mätressen, München 1992

Treffer, Gerd, Die französischen Königinnen. Von Betrada bis Marie Antoinette, Regensburg 1996

Vavra, Elisabeth (Hrsg.), aufmüpfig & angepaßt. Frauenleben in Österreich, Wien u. a. 1998

Volkmann-Raue, Sibylle und Lück, Helmut E. (Hrsg.), Bedeutende Psychologinnen. Biographien und Schriften, Weinheim u. a. 2002

Wandel, Elke (Hrsg.), Witwen und Töchter an der Macht. Politikerinnen der Dritten Welt, Reinbek bei Hamburg 1991

Weissweiler, Eva, Komponistinnen vom Mittelalter bis zur Gegenwart. Eine Kultur- und Wirkungsgeschichte in Biographien und Werkbeispielen, München 1999

Windgassen, Antje, Im Bund mit der Macht. Die Frauen der Diktatoren, Frankfurt am Main 2002

Wunderlich, Dieter, EigenSinnige Frauen. Zehn Porträts, 8. Aufl., München 2008

Wunderlich, Dieter, WageMutige Frauen. 16 Porträts aus drei Jahrhunderten, 2. Aufl., München 2008